僕が選んだ
現代映画傑作選

奥山篤信

K&Kプレス

推薦の辞　文明批評としての映画論

文芸批評家　富岡幸一郎

『月刊日本』でかならず読む連載が、「奥山篤信の映画批評」である。今、最新の手元にある2024年5月号には「オッペンハイマー』が取りあげられている。本書の第1章に収められているが、「原爆の父」とも言われる物理学者の生涯を描いたこの伝記映画についての批評を読んで感ずるのは、まず公平であるということだ。批評とは無私の精神であると言ったのは小林秀雄であるが、この『僕が選んだ現代映画傑作選』を貫いているのは、この「無私の精神」としての公平さである。誤解のないように附言すれば、「無私」とは評者である「私」（僕）が無いということではない。逆である。むしろ「私」（僕）がそこには厳然と、まさに巌のようにゆるぎなく存在しているのだ。「私」（僕）が作品と出会い、その作品に圧倒され感動して、作品そのものと一体化する体験を持つということである。作品の内実に入り込む。この稀有な作品体験が無私の精神による「公平」な批評であり、奥山氏の映画批評が読者を魅きつけてやまないのもそのためである。だから公平とは客観的という意味ではなく、「私」（僕）の燃えあがる主観が、その批評の根底にあるということなのだ。

5つの章に別けられた本書は、「政治権力の恐怖」19作品、「正義か、それとも偽善か」14作品、「宗教の闇、そして人間の原罪」10作品、「現実に存在する崇高な人間愛」14作品、「純粋娯楽映画」8作品に区分されている。日本・ドイツ合作映画『PERFECT DAYS』以外は、全て外国映画であり、ハリウッド映画ばかりが上映される日本ではあまりお目にかからないイラン映画や東欧・北欧などの傑作がずらりと並んでいる。よくぞこれだけ世界中の映画を、しかも現代世界の文明の災厄と危機をあぶり出す秀逸なる作品群を観たものだと感心せずにはおられない。

《娯楽性や商業性が鼻につくアメリカのハリウッド映画や、フランス、イタリア、スペイン、イギリスといった西欧先進国にはない、味わいのある映画を作るのがイラン、トルコなどイスラム圏や東欧圏の映画であり、僕はそれを〈辺境映画〉と定義している。その特徴は辺境だからこそ、家族の絆や村社会の掟の制約の中に、先進国では失われた、人間や家族などの本来の素朴な真心が存在する素晴らしさにある》（『私の、息子』）

〈辺境映画〉には、抑圧と差別、戦乱と悲劇、貧困と混沌が渦巻いている。そして、そこでこそ現れて来る人間の真実の姿、その本来の限りない愛や美しさが到来する。ロラン・バルトが『明るい部屋』という写真論で述べた作品への一般的関心、教養を媒介したストゥディウム（好み・思い入れ）ではなく、作品自身の方から、向こうから「私を刺し貫きにやって来る」鋭いプンクトゥム（傷・裂け目・痛点）が、これらの映画には沸騰している。奥山氏の映画批評はまさにこの映像の、映画館のスクリーンから「やって来る」感動を真正面で受け止めている。

とりわけ第3章「宗教の闇、そして人間の原罪」のところは、20世紀に世界中に恐怖政治の悪をばら撒いた共産主義思想とカトリシズムに象徴される地上の権力と化したキリスト教の暴虐が、二千年の人類史とクロスして鋭く指摘されている。スターリンに代表されるソビエト国家の恐るべき非人間性は、ドストエフスキーが『カラマーゾフの兄弟』で告発していた倒錯したメシアニズムと表裏一体であるという現実が、人間の原罪という問題の深みから論じられていて、きわめて示唆的である。北アイルランド紛争も、ロシア・ウクライナ戦争も中東戦争もその背景には一神教の歴史がある。これらの世界史の根源的な問題を奥山氏が映画論を通して洞察するのは、氏がキリスト教とその神学を、とくにカトリック神学校において学び体験しているからであり、2021年に刊行された『さあ、僕がキリスト教を教えましょう！』（春吉書房）をぜひ一読いただければと思う。ユダヤ教・キリスト教そしてイスラーム教という一神教について、残念ながら日本人はかなりの知識人ですら十分な知的理解をしていない。奥山氏は『さあ、僕がキリスト教を教えましょう！』で苛烈なカトリック批判を展開しているが、そこにはプロテスタントのカール・バルトやルードルフ・ブルトマン、あるいはカトリックのハンス・キュンク（カトリック教会からは異端視された）などの神学者の著述を読みこみ、批判の武器としている。無神論的な立場に立ちながらも、イエス・キリストの存在（原始キリスト教団）の信仰的意味を正確に理解している。一例として『PERFECT DAYS』のトイレ清掃員の主人公・平山を聖フランチェスコとの比肩で論じているところは圧巻であろう。通常の映画評論ではまず言及されない。本書が正しく、「文明批評」としての広がりと深さを有した映画論である所以である。

はじめに

僕が映画に対して興味を持ったのは、化学者であり、大学で教鞭を執っていた父が映画好きだったからだ。

戦後の焼け野原から日本が再び立ち上がっていく中で、庶民の楽しみは映画館での映画鑑賞だった。兵庫県出身の父と母にとっても、三宮や元町の映画館は二人の憩いの場所だったのだろう。それは僕が生まれたあとも変わらなかった。僕が小学生の頃、父は週末になると必ず映画館に家族を連れて行ってくれた。少々大げさな表現かもしれないが、週末の映画鑑賞は我が家にとって家族の絆を象徴するものだった。こういう父の〝家族第一主義〟は、「家族との平和なひと時こそが、人間の生きる幸せの瞬間だ」という、自らの戦争経験から生まれた信条だったのだと、今は確信している。

この機会に、父の話をすることをお許しいただきたい。

大正5年に兵庫県で生まれた父・春彦は、神戸の旧制甲南高等学校を卒業後、昭和10年に大阪帝国大学理学部化学科へ進学した。阪大は昭和6年に医学部と理学部の2学部で発足したばかりで、世界的な物理学研究者の長岡半太郎が初代総長に就任し、「研究第一主義」を掲げていた。特に理学部には東京帝大の出身者をはじめ、新進気鋭の学者たちが〈実験的〉に結集し、「理想の理学部」を追求した。こうした魅力に魅かれて、新しい大学で新しい理想的教育を受けようと、あえて東大や京大ではなく阪大を目指した若者は多かったという。

昭和6年の満州事変以降、日本社会では国民の自由が徐々に狭められていった。当時の大学生はそういう息苦しい時代の風潮に批判的であり、その一部は左傾化していった。こうした環境で学んでいた父親も、社会主義なのか共産主義なのかは分からないが、〝左翼思想〟の持ち主になっていったようだ。

それが原因だったのかどうかは定かではないが、父は昭和13年に阪大卒業後、三共製薬高峰研究所に入所したが、間もなく徴兵されて中国大陸へ派遣された（長男であるにもかかわらず！）。昭和18

年の学徒出陣では大学出身者の学徒たちは下士官として徴兵されたが、父はあくまでも一兵卒として徴兵されたため、おそらく上官から毎日殴る蹴るのしごきを受ける日々だったろうと想像される。

その後、数学に秀でた父は暗号兵となり、どの戦いでも最前線の危険地帯にいたという。父のような使い捨ての暗号兵は、敵の電波を傍受するため、可能な限り敵陣に近づかなければならなかったからである。父は昭和14年に満州でノモンハン事件、昭和16年に中国で長沙作戦に従軍した。同年12月8日に大東亜戦争が始まった後は南方に派遣され、昭和17年にフィリピンでバターン半島やコレヒドール島の攻略戦に参加した。同年、父は現地でマラリアに罹って帰国、阪大理学部に戻って助手を務めた。昭和19年には助教授となり、そのまま昭和20年の敗戦を迎えた。

このようにして5年間、北方や南方の戦地で凄まじい〈生と死〉の世界を経験した父は、だからこそ、僕も含めて家族には一切戦争の話をしなかった。ただ、戦争や暴力の不条理を蛇蝎の如く忌み嫌い、戦後に大東亜戦争を正当化するような言説に対して怒りと軽蔑の言葉を漏らしていた。それは一切の意見や反論を拒絶する激しいものであり、まさに取りつく島もなかった。特攻隊の自己犠牲をはじめ、日本兵の〈武勇〉に理想的な愛国心を見出だすようなことも一切なかった。それゆえ、僕は父から一方的、断片的に戦争の話を聞くしかなかったのである。

なぜ、ここまで父のことを書いたのか？　それは、僕が映画を観る時、〈現実〉という動かし難い力に否応なく巻き込まれる登場人物たちの中に、戦争の現実に無理やり巻き込まれ、毎日死を覚悟して生きざるをえなかった父の姿を見るからだ。そういう父の姿を通して、それぞれの映画作品が描く人間の根本的な問題を、僕は見つめてきた。僕の映画論を貫く基軸は、父の人生なのだ。個人的な事情で恐縮だが、僕も今や76歳、自らの人生を総括すべき時期に、これまで書き続けてきた映画論を一冊の書籍にまとめるに当たり、その根底にある父の姿を確認しておきたかったのである。

僕は映画評論家として、映画を観続け、映画論を書き続けてきた。そこでは、カメラワークや映像技術という〈映画の形式〉ではなく、監督のメッセージや俳優の演技、ストーリーの構成など〈映画の実質〉に注目してきた。そのようにして、父から教わった映画の素晴らしさを、父の人生を通じて味わうことが、僕の人生でもあったのだ。

そういう父の姿――〈現実〉という動かし難い力に否応なく巻き込まれる人間の姿は、決して過去のものではない。ウクライナ戦争やガザ紛争に象徴されるように、人間が、現世の終わることのない最大の罪である戦争に巻き込まれ、文明や社会の偽善に満ちた規範や倫理に不自然に隷属する恐ろしい状況は、今なお現実のものだ。

その結果、宗教とは、政治とは、戦争とは何か？　権力の恐ろしさとは何か？　正義と偽善の違いは何か？　という根源的な問いが再び我々の目の前に突きつけられる今、一人ひとりの人間にとってのっぴきならない切実な〈現実〉に迫る映画を読者に紹介する――それによって、原罪とも言うべき性悪説を証明するかのように人間の悪が剥き出しになる中で、それでも、人間とはこれほど美しく輝く愛に満ち満ちた存在である、そう信じられる瞬間があるという事実を伝える――というのが、本書の趣旨である。

本書は、言論誌『月刊日本』の連載「奥山篤信の映画批評」に掲載した記事をまとめたものである。２００７年２月に始まってから17年以上経ち、今なお継続中である。毎月１本の映画を紹介しているが、連載回数は２００回以上を数えるから、２００本以上の映画を紹介したことになる。本書では、そのうち65本の映画を選りすぐり、連載当時の内容に加筆修正を加えた上で収録した。

自分で言うのもおかしいが、まさに〈継続は力なり〉。連載という形で「書きたいことを書く」、さらに「書けなくても書かねばならない」機会を提供してくれた『月刊日本』主幹の南丘喜八郎氏、連載と本書の編集を担当してくれた副編集長の杉原悠人氏、そして推薦の辞の寄せてくれた長年の畏友・富岡幸一郎氏に感謝したい。

そして最後に、本書を父・春彦に捧げたい。

２０２４年４月29日　自宅にて

奥山篤信

第2章　正義か、それとも偽善か

第3章　宗教の闇、そして人間の原罪

第4章　現実に存在する崇高な人間愛

第5章　純粋娯楽映画

※本書では、各映画の予告編動画のQRコードを掲載した。興味のある作品を調べる際に活用していただければ幸いだ。
※なお、リンク先の動画が削除されている場合もあるかもしれないが、その点はお含みおきいただきたい。

第1章　政治権力の恐怖

ロシア映画
『戦火のナージャ』
原題『Burnt by the Sun 2 : Exodus』
2010 年製作
150 分

戦火の中に輝く肉親の愛と人間愛を
敬虔な祈りで紡ぐ一大叙事詩

監督	ニキータ・ミハルコフ
脚本	ニキータ・ミハルコフ
製作	ニキータ・ミハルコフ
音楽	エドアルド・アルテミエフ
出演	ニキータ・ミハルコフ
	ナージャ・ミハルコワ
	オレグ・メンシコフ

ロシアの巨匠ニキータ・ミハルコフ監督が、名作『太陽に灼かれて』(1994)の続編として制作した2部作の前編が今年(2010年)公開された。

『太陽に灼かれて』は、ソ連の最高指導者であるヨシフ・スターリンによる、共産党幹部だけでなく一般市民にまで及んだ〝大粛清〟と呼ばれる政治的大弾圧をテーマに描かれた作品であり、94年カンヌ国際映画祭最高賞グランプリとアカデミー賞外国語映画賞の受賞という快挙を成し遂げている。

ソ連崩壊から新生ロシアへ至る激動の時代を生きたミハルコフ監督は、『太陽に灼かれて』『戦火のナージャ』、公開が予定されている2部作の後編(『遥かなる勝利へ』2011年公開)を通じて、1930年代の大粛清から第2次世界大戦へ至る、ソ連の歴史の中でも最も悲惨な時代に生き別れとなった父と娘の〝愛の絆〟を追求している。監督がこの時代を描くことをライフワークとしていることは疑いない。

本作には5500万ドルという莫大な制作費と、8年間という長い時間がかけられた。『太陽に灼かれて』では、監督兼主演のニキータ・ミハルコフと彼の実の娘であるナージャ・ミハルコワが親子役で共演したが、本作でも同じ親子役での共演を果たしている。

ストーリーはこうだ。ロシア革命の英雄で元陸軍大佐アレクセイ・セルゲーヴィッチ・コトフ(ニキータ・ミハルコフ)は、スターリンに背いた罪で逮捕され、記録上では銃殺されたことになっていた。しかし、銃殺されたはずのコトフが生きているという噂があり、猜疑心の強いスターリンはドミートリ・アーセンティエフ大佐（オレグ・メンシコフ）に真相を探るよう命じる。コトフの娘ナージャは共産党の少年少女団に所属し、理想的な党員に成長していた。けれども、突然消息を絶った父への想いを払拭できないナージャは、生き別れた父を探すために戦火の中のソ連各地を放浪するのだった。

戦争が激しさを増していく中、少年少女団の子どもたちとともに赤十字船に乗っていたナージャは、あるときドイツ軍による国際法を無視した攻撃に晒されるが、奇跡的に死を免れる。瀕死のロシア正教の司祭とともに、水上を漂う機雷に身をあずけていたナージャは、ドイツ軍による証拠隠滅のための執拗な攻撃が続く最中、司祭からキリスト教への帰依を説かれ、水上で洗礼を受けるのであった。

一人になったナージャの身に神の仕業とも思える出来事が起こる。ナージャは通りかかったソ連の船に助けを求めるが、拒まれてしまう。なんとか自力で陸に着いたナージャは、我が身を助けた機雷に礼を言って水に流すが、その機雷がさきほどの船を破壊してしまう。また、ある村にたどり着いたナージャは、そこでドイツ兵に暴行されてしまう。ドイツ兵を殺して難を逃れたナージャだったが、ドイツ兵は報復のため村人を焼き殺してしまう。その光景を目の当たりにするナージャは、罪の意識に泣き叫ぶ。

ソ連の時代は、親は単なる生物学上の存在にすぎないという暗黒社会であった。共産党が支配する社会では密告や事なかれ主義などが横行し、自国民に対する冷酷なまでの無関心や狡猾な振る舞い、正義に反する行いなどスターリン主義への絶望を抱いていたナージャだった。水上でキリスト教へ帰依した後、イエス・キリストの愛の恵みを信じるようになったナージャは、神に祈りを捧げる。神はナージャを導きながら、時として非情であり、時として幸せをもたらす。悪に対して悪で報いてはならない。悪を行なった者に対する復讐は神が行なう。「復讐するは我にあり」という聖書の言葉にあるような出来事が、ナージャに繰り返し起る様が描かれる。

やがて従軍看護師となったナージャは、戦火によって焼き尽くされた地で断末魔の苦しみにあえぐ少年兵から、死ぬ前に一度、女性の裸を見てみたいと懇願される。ナージャは慈愛の心をもって、殺伐とした戦場で衣服を脱ぎ、こぼれるように豊かなその胸を瀕死の少年兵に見せる。極限状態の中でもあふれ出す人間の生命力の強さや、豊かさを讃えているように感じられる見事なラストシーンだ。涙を誘う。

本作からはミルコフ監督の熱情と愛娘に対する想いや、『十二人の怒れる男』の中でも見られたキリスト教への強い信仰心が伝わってくる。それは観る者の心に深く刻まれるだろう。

（２０１１年６月号）

イタリア映画
『愛の勝利を ムッソリーニを愛した女』
原題『Vincere』
第45回シカゴ国際映画祭監督賞
2009年製作
128分

民主主義を疑え！
今こそムッソリーニを検証すべき時である。

監督	マルコ・ビオッキオ
脚本	マルコ・ビオッキオ
製作	マリオ・ジアナーニ
音楽	カルロ・クリヴェッリ
出演	ジョヴァンナ・メッツォジョルノ
	フィリッポ・ティーミ

チャーチルの言葉に「民主主義は最悪の政治形態である、過去の他のすべての政治形態を除いては」という箴言がある。しかし、いまや民主主義は衆愚政治どころか、過去の他の政治形態と比べても「最悪の政治形態」になりつつある。民主主義の腐敗と暴走は、やがて人類の文明や国際社会の秩序を悉く破壊するという皮肉な終末を迎えるのではないか。

ヨーロッパ、特にイタリアには古代ローマ帝国の輝かしい歴史があり、その統治には現代では失われた政治の知恵が隠されている。「人間ならば誰にでも、現実の全てが見えるわけではない。多くの人たちは、見たいと欲する現実しか見ていない」というカエサルの名言は今なお輝きを放っており、イタリアの教科書には今もこう書かれているという。

「指導者に求められる資質は、次の五つである。知性。説得力。肉体上の耐久力。自己制御の能力。持続する意志。カエサルだけが、このすべてを持っていた」

そのカエサルに自己を重ね合わせ、祖国イタリアを偉大なるローマ帝国に回帰させようとしたのが、ファシズムの創始者であるベニート・ムッソリーニだ。その評価はイタリア人の間でも愛憎相半ばしているが、今なおムッソリーニの人気は絶えず、ファシズムの系譜の政党は一定の勢力を誇っている。

第二次世界大戦後、ムッソリーニは戦争犯罪者として断罪され、特にチャップリンの映画『独裁者』でベンツィーノ・ナパロニのモデルになったことから、「滑稽な独裁者」のイメージが強い。そのイメージはこびり付いているのか、あるいは「ファシズム＝悪」と反射的に決めつける戦後の歴史観が根強いのか、日本での評価は低い。実際、僕も畏友ロマノ・ヴルピッタ氏（元イタリア外交官）と知り合う前は、そんな道化師のイメージしか持っていなかった。ムッソリーニが会津の白虎隊に感銘を受け、ポンペイから発掘した古代宮殿の柱を会津若松に寄贈したことも、日本ではほとんど知られていない。

しかし、存命中の評価は非常に高かった。チャーチルは「ローマの精神を具現化した現在の最大の法律制定者」と絶賛し、ルーズベルトやガンジーも賞賛した。詩人のエズラ・パウンド、作家のモーリャック、ゴーリキー、音楽家のストラヴィンスキー、哲学者のフロイト、科学者のエジソンなど当時を代表する文化人たちがムッソリーニを高く評価した。

ムッソリーニは政治家であるとともに、高い教養を持つ知識人でもあった。若くしてニーチェやマルクス、パレート、ソレルなどから思想的影響を受け、イタリアの名士ダヌンツィオやプッチーニをはじめとする幅広い交友関係を持ったことが、その知的教養の源となっている。当初はイタリア社会党に参加してレーニンとも親交を深めたが、第一次世界大戦で参戦を支持したことから社会党を除名され、自身は一兵卒として従軍して負傷した。大戦後にファシズム運動を開始して1922年のローマ進軍で政権を掌握、独裁体制を確立して「ドゥーチェ」（首領）と呼ばれた。1930年代にはドイツと同盟を結んだが、成り上がりのヒトラーを小馬鹿にして、その人種差別政策を批判した。〈彼らの言うアーリア人とやらがどこにいる？　それは何時から存在した？　そもそも存在するのか？　空論、神話、あるいはただの詐欺か？……我々は既に答えを知っている。「そんな人種は存在しない」と。ただ一人、ヒトラーを除いては。〉

だが、イタリアは第二次世界大戦に敗北し、ムッソリーニは銃殺刑に処された後、その遺体はミラノのロレート広場で見せしめにされた。無論、第二次世界大戦に責任を負うムッソリーニとファシズムを手放しで礼讃することはできないが、だからといってその存在を全否定するのは難しい。そこには政治に対する深い洞察と知恵があるのも事実だ。

本作では映像のカメラワークや迫力からマルコ・ベロッキオ監督の力量が十分伝わってくる。また、イタリア人女性固有の美貌を備え、捨てられた女の執念を表現しきったメッツォジョルノの演技は見事で、米批評家協会賞主演女優賞を獲得した。しかし、作品としては「ファシズム全否定」の歴史観からムッソリーニの存在を矮小化しきっている。作中のムッソリーニは自分に尽くしてくれた女とその息子を、正妻や世間の手前、精神病院に隔離して闇に葬る卑怯者として描かれているが、その主題は捨てられた女の愛情と復讐心、ヒステリックな執着心のアンビバレンスにすぎない。「ムッソリーニ＝悪」「ファシズム＝悪」なるレッテル貼りの思考停止を再検証すべき時である。

（２０１１年７月号）

アメリカ映画
『アルゴ』
原題『Argo』
第85回アカデミー賞作品賞
2012年製作
120分

いまこそ日本の諜報機関を復活させよ！

監督	ベン・アフレック
脚本	ベン・アフレック
製作	ベン・アフレック
音楽	アレクサンドル・デスプラ
出演	ベン・アフレック
	ブライアン・クランストン
	アラン・アーキン

この映画は、イランのアメリカ大使館人質事件で実際に行われた人質救出作戦を題材にした実話に基づく作品である。『グッド・ウィル・ハンティング 旅立ち』（１９９８）や『ザ・タウン』（２０１０）で知られるベン・アフレックが監督・脚本・主演を務めた。

戦後のイランではパフラビー王朝がアメリカの傀儡政権と化して独裁政治を行い、１９６０年代から「白色革命」（強制的な欧米化政策）を強行した。こうしたパフラビー王朝の腐敗やアメリカの搾取に対してイラン国民の怒りが爆発、１９７９年2月にイラン革命が起こり、パフラビー王朝は打倒され、イスラム教シーア派の指導者であるホメイニ師を頂点とする革命政府が樹立された。日本では「パーレビ国王」として知られるパフラビー2世はアメリカに亡命したが、それに憤激した学生らは同年11月４日、首都テヘランのアメリカ大使館を占拠し、館員とその家族52人を人質にして元国王の身柄引き渡しを要求した。かの有名なアメリカ大使館人質事件である。

その裏では、脱出に成功した大使館員6名がカナダ大使の家に逃げ込み、身を隠していた。見つかれば、公開処刑は必至である。絶体絶命のピンチに陥った彼らを救出するために、カナダ政府とＣＩＡは共同極秘作戦を展開する――。

イラン革命にせよフランス革命にせよ、革命は血腥いものである。イラン革命は宗教原理主義革命である一方、フランス革命は反宗教（カトリック）革命であり、両者の目指す方向性は正反対だったとも言えるが、革命政権を担ったシーア派とジャコバン派はいずれも過激派であり、革命後には血の粛清と弾圧が横行することになった。

イラン革命はパフレビー王朝やアメリカに対する怒りの爆発であり、その怒りはイランの歴史を見ればもっともなものだが、アメリカ大使館人質事件は「接受国（大使館所在当該国）は、私人による公館への侵入・破壊及び公館の安寧・威厳の侵害を防止するために、適当なすべての措置をとる特別の義務を負う」（同22条2）と定めたウィーン条約に完全に違反した行為であり、アメリカ国民の怒りも爆発した。その意味で、この事件はアメリカとイラン双方にとって外交上の汚点としていまだに後遺症を残している。

話を戻そう。カナダ大使の家に隠れる6名のアメリカ人を救出するために、CIA秘密工作本部のトニー・メンデスは、当時の大ヒット映画『猿の惑星』をヒントにして架空のSF映画『アルゴ』を企画、イランでロケを行う振りをして、6名を撮影スタッフに仕立て上げて出国させるという作戦を練る。奇想天外な作戦だったが、『猿の惑星』の特殊メイクでアカデミーメイクアップ賞を受賞したジョン・チェンバースをはじめハリウッドの全面協力、そしてカナダ政府の全面協力を得て、アメリカ・カナダの共同作戦が進められることになった。こうした背景から、この作戦は「アルゴ作戦」とも「カナダの策謀」（Canadian Caper）とも呼ばれる。

ところが、当時のカーター大統領は自ら米軍特殊部隊による人質救出作戦「鷹の爪作戦」を立案し、実行直前のアルゴ作戦にストップをかける。大統領選再選を目指すカーターは、現場の努力を無視して大衆迎合・起死回生を狙ったのだ。しかし、メンデスは大統領の中止命令を無視して自分の責任でアルゴ作戦を決行、見事に6名の救出に成功した（一方、「鷹の爪作戦」は失敗に終わり、カーターは大統領選で敗北した）。その決断力と実行力には感動させられる。常に政治の思惑に翻弄される現場指揮官の忸怩たる怒りと吹っ切れた行動とは、まさにこういうものであろう。〈今そこにある危機〉の真っ只中で、巨大組織の歯車に組み込まれながらも、最後は人間として正義感ある決断、勇気ある行動に出る関係者一人ひとりの姿は感嘆に値する。もちろん実話に基づくとはいえ、一部には脚色もあるようだが、本作はスリルと臨場感に富み、オープニングからフィナーレまで手に汗握る、一流のサスペンス映画に仕上がっている。

諜報機関の人間は国家のために命懸けで行動する知的エリートだが、任務が成功して国を救おうが、失敗して命を落とそうが、その実績や名誉は「国家機密」という名の闇に葬られ、家族や子孫にすら明かされないのが常である。戦前の日本は日露戦争で活躍した明石元二郎大佐、大東亜戦争で活躍した陸軍中野学校などを輩出したが、戦後日本には公式の諜報機関がなくなってしまった。諜報機関の復活が急務である。（２０１３年１月号）

ドイツ映画
『東ベルリンから来た女』
原題『Barbara』
第62回ベルリン国際映画祭銀熊賞（監督賞）
2012年製作
105分

「なぜ生きるかを知っている者は、
どのように生きることにも耐える」
——フリードリッヒ・ニーチェ

監督　クリスティアン・ペツォールト
脚本　クリスティアン・ペツォールト
製作　F・K・V・グストルフ
音楽　ステファン・ウィル
出演　ニーナ・ホス
　　　ロナルト・ツェアフェルト
　　　ライナー・ボック

ドイツの東西分裂をテーマにした映画である。監督のクリスティアン・ペッツォールトと主演のニーナ・ホスは『イェラ』で２００７年ベルリン国際映画賞で銀熊賞（女優賞）を獲得、再びタッグを組んだ本作では２０１２年ベルリン国際映画祭で銀熊賞（監督賞）を受賞した。同じく東ドイツの苦難を描いたフロリアン・ヘンケル・フォン・ドナースマルク監督の『善き人のためのソナタ』（２００６）と重ね合わせて感慨深い。

第二次世界大戦後、ソ連の支配下に置かれた東ドイツでは、旧ナチスのゲシュタポ（国家秘密警察）の残党などが組織をそのまま継承してシュタージ（国家保安省）を設立し、反体制勢力を徹底的に弾圧した。ナチスの弾圧は物理的な暴力を用いたが、シュタージの弾圧は精神的な暴力といえる。東ドイツの国民は西ドイツの繁栄を間近で見ながら、シュタージの監視下でありとあらゆる陰湿な手段で自由を縛られ、絶望と諦めに追い込まれていったのだ。まさに〈二重の精神的拷問〉である。

20世紀の〈最大の悪〉は共産主義だったといえる。いかに美しい理念・理想を唱えようと、人間の本性が善ではなく罪に傾いている（政治家の如き権力志向家では尚更）以上、一旦権力を得た途端に牙を剥き、暴力と威嚇により地位を固め、抵抗勢力を抹殺し、既得権益にしがみつく。共産主義が恐怖政治をもたらすことを20世紀の歴史が証明したが、未だにシナや北朝鮮で同じことが繰り返されている。

本作の主人公バーバラは東ベルリンの名門病院に勤務するエリート小児科医だった。西ドイツの恋人と逢引を繰り返すなかで海外移住届を出すが、その途端シュタージに拘束され、バルト海沿いの田舎町の小児科医院に左遷されてしまう。仕事はプロフェッショナルとして淡々とこなすが、「密告社会では誰も信じられない」と胸に刻んだバーバラは一人孤独な世界に閉じこもる。病院の同僚医師が好意を寄せてくるが、「シュタージのスパイに違いない」と決めつけて寄せつけない。彼女の希望は、西ドイツから遠路はるばるやってくる愛人とのスリルと肉欲に満ちた束の間の密会と、彼の手引きによる国外脱出だけである。

やがて同僚医師の好意は本物だと理解できるようになったが、彼女の頭にあるのは依然として国外脱出のことだけだった。そして、ついに脱出の日が決まった。バーバラは同僚医師を欺きながら出発しようとするが、まさにその時、彼女の目の前に強制収容所から脱出してきた少女が現れた。少女は以前治療を担当した彼女を慕い、助けを求めて逃げ込んできたのであった。やむなく少女を連れて脱出用のゴムボートが待つバルト海の海岸へ向かうが、ボートの定員は一人だけ。そして彼女は……。

この映画を観て、かつて〈言語を絶する感動〉を得たV・E・フランクルの名著『夜と霧』を想起した。それは、アウシュビッツ収容所で生死の境目にあったフランクルの〈人間とは一体何か?〉の研ぎ澄まされた問いである。

〈生きることは、考え込んだり言葉を弄することではなく、ひとえに行動によって、適切な態度によって、正しい答えは出される。生きることは、生きることの問いに正しく答える義務であり、一般論ではなく人により、また瞬間ごとに変化する。〉

どうしようもない極限状態の中でも、なけなしのパンを譲り合い、励ましの言葉をかけ合うなど、人間にはその瞬間瞬間に人間として適切な態度を取ること、そうする自由があった。死刑を宣告されたユダヤ人の身代わりになって命を落としたコルベ神父の行為もそうだったのだろう。バーバラの生き方もそうだ。不条理な共産主義社会の閉塞のなかで、まさに逆境であればあるほど、人間の品位や善意は限りない光を放つことがあるのだ。

本作で主人公バーバラを演じたニーナ・ホスは、フランスの名女優ジャンヌ・モローから灰汁の強さを切り取り、名作『あの日、欲望の大地で』で知られるアメリカの女優シャーリーズ・セロンの色気を湛えたようなドイツの女優である。本作では、人を信じることを止めた人間の暗い陰鬱な雰囲気を見事に表現している。

最後にひとつ。この映画では自転車に乗る場面が一つのシンボリックなシーンになっているが、ひょっとして原節子が海岸沿いの土手を自転車で疾走する『晩春』、つまり小津安二郎監督へのオマージュなのではないだろうか。

（2013年3月号）

イタリア・スペイン合作映画
『ある愛へと続く旅』
原題『Venuto Al Mondo』
2012年製作
129分

「実際に現地に行って、自分の目で（場所を）見て、人々と話さない限り、あの戦争のことを理解するのは難しいと思う。信じられないような戦争なのよ。わたしの心の中には今、いつもサラエボがある」——ペネロペ・クルス

監督	セルジオ・カステリット
脚本	セルジオ・カステリット
製作	セルジオ・カステリット
音楽	エドゥアルド・クルス
出演	ペネロペ・クルス
	エミール・ハーシュ
	アドナン・ハスコヴィッチ

セルジオ・カステリットはイタリアの映画監督・俳優であり、自身の妻でもあるイタリアの女性作家マルガレート・マッツァンティーニの同名小説を映画化した『赤いアモーレ』でペネロペ・クルスと共演し、自らダヴィット・ディ・ドナテッロ賞最優秀主演男優賞を受賞した。それに続いて、再びペネロペ・クルスとタッグを組んでマッツァンティーニの同名小説を映画化したのが本作である。イタリア、ボスニア・ヘルツェゴビナ、クロアチアを横断しながら、ユーゴスラビア内戦の記憶を辿る一大歴史ドラマだ。

ユーゴスラビア社会主義連邦共和国の〝建国の父〟であるヨシップ・ブロズ・チトー（1892～1980年）は、20世紀の最高の指導者の一人として賞賛されるべき存在である。ユーゴスラビアは「7つの国境、6つの共和国、5つの民族、4つの言語、3つの宗教、2つの文字、1つの国家」と言われる複合国家である。クロアチア人の父親とスロベニア人の母親を持つチトーは少数民族にルーツを持っていたが、多数派のセルビアを優遇するなど、老獪な政治力によって見事に多民族国家を統治した。彼の死後、たがが外れたようにユーゴスラビアが内戦に陥った事実からも、その功績は立証される。

映画の背景には、ユーゴ内戦の第三段階と呼ばれるボスニア紛争（1992～1995年）の悲劇がある。1992年3月に独立を宣言したボスニア・ヘルツェゴビナには約430万人の国民が住んでいたが、そのうち44％がムスリム、33％がセルビア人、17％がクロアチア人と、異なる民族が混在していた。ムスリムとクロアチア人が独立を推進したのに対し、セルビア人はこれに反対したため、両者間の対立は次第に激化して独立宣言の翌月には軍事衝突に発展した。3年半以上にわたって全土でジェノサイドが繰り広げられた結果、死者20万、難民・避難民200万が発生した。

「民族浄化」という言葉が使われるようになったのも、この戦争からである。とくに女性らは強制収容後、組織的に強姦され、妊娠後に堕胎が不可能となった時点で解放することによって否応なく出産せざるを得ない状況に追い込まれた。家父長的な男権社会の影響が残るボスニア・ヘルツェゴビナの村落部では、女性を強姦によって妊娠させるこの方法は、効果的に異民族を排除する方法として用いられた。まさにチャイナがチベットやウイグルで行っている「民族浄化」と同様である。ただ、セルビア人による「民族浄化」は、実は米国広告会社が、ナチスを連想するように仕組んだ反セルビア・キャンペーンであったとする説が真相のようだ（高木徹著『広告代理店』）。

映画のストーリーはこうだ。イタリア人女性ジェンマにかつて留学していたサラエボの旧友から電話が掛かってくる。彼女はボスニア内戦でアメリカ人の夫を亡くし、忘れ形見の息子とローマで暮らしていた。その彼女がボスニア・ヘルツェゴビナの首都サラエボを再び訪問し、そこで内戦中には知らなかった驚くべき事実を発見する……。

とにかく壮大なスケールであり、10数分のラストシーンで描かれた結末には圧倒され、感動のあまり声も出ない。〈人間の悪と善の問題〉をボスニア紛争に絡めて見事に描き、その上で残虐極まる悪の支配する紛争においても、きらりと光る人間の崇高さや人間愛の素晴らしさがあるという事実を謳歌するのである。その〈人間の悪〉とは、劇中の台詞にも言われるとおり、酸鼻を極める事態に対して〈人間として生まれて恥ずかしい〉と感じさせるほどの悪、〈人間の欲望としての獣欲の発露である強姦・輪姦〉など人間のたがが外れた時に出現する唾棄すべき極限の悪である。それでも尚、この逆境において輝くようなそれぞれの人間の責任感と慈愛、そして大きな愛と恵みに感動させられるのである。

この映画には偽善者は一人もいない。それぞれ人間として個性的であり、それは好色漢でありエゴイストでもある。キリスト教の原罪とも言うべき悪を人並み以上に持ち併せながらも、究極において善を発揮する〈人間の性善説〉が存在するのである。それは決してキリスト教的な曖昧な愛の世界あるいは神の恵みでもないことに注目すべきだ。現に男としての道を貫いて自死することの——たとえそれがこの上も無い自責の念からであっても——美しい世界が描かれている。

この映画の主人公を演じる、いまや世界の女優である熟女ペネロペ・クルスの演技力は容姿だけでない凄みがある。

（２０１４年1月号）

ポーランド映画
『ワレサ 連帯の男』
原題『Walesa Man of Hope』
2013年製作
124分

「御国が来ますように。
御心が行われますように、天におけるように地の上にも。
わたしたちに必要な糧を今日与えてください」
——マタイによる福音書6：10 － 11

監督　アンジェイ・ワイダ
脚本　ヤヌシュ・グウォヴァツキ
製作　ミハウ・クフィェチンスキ
音楽　パヴェウ・ムィキェティン
出演　ロベルト・ヴィェンツキェヴィチ
アグニェシュカ・グロホフスカ
マリア・ロザリア・オマジオ

ポーランドの巨匠アンジェイ・ワイダは１９２６年生まれだ。彼の執念のライフワーク『カティンの森』(07) は最近の作品だが、『地下水道』(56)、『灰とダイヤモンド』(58) では第二次世界大戦におけるポーランドの受難を描き、『大理石の男』(76)、『鉄の男』(81) ではグダンスク造船所の労働者をテーマに戦後ポーランドを描いてきた。

そんなグダンスク三部作目ともいえるのが、この映画だ。ポーランドにおける共産主義政権の打倒・民主化の立役者で、東欧圏の民主革命に大きな影響を与えた労働活動家レフ・ワレサの生き様を描いた、実話に基づく作品だ。ワイダ監督は本作を作るのに気が進まなかったようだが、カント倫理学の「定言命法」、すなわち無条件に「〜せよ」と命じる絶対的命法によって着手したという。それゆえ、監督は会見でワレサの常套句である「やりたいわけではないが、やらなければならない」(I don't want to, but I have to) という言葉を引用している。

ワレサは１９８０年、物価値上げに端を発したグダンスク造船所の争議を指導し、歴史的なグダンスク合意で政府の統制を受けない独立自主管理労働組合の結成など、労働者の権利を勝ち取った。同年10月には全国の独立自主管理労組が結集して「連帯」(ソリダルノスチ) が結集され、ワレサが委員長に就任した。しかし、ポーランド政府は１９８１年12月に戒厳令を敷き、「連帯」を非合法化して翌年11月までワレサの身柄を拘束した。その後、ワレサは1983年にノーベル平和賞を受賞して国際的知名度を得、1989年には共産主義政権の打倒と民主化が実現、ワレサは翌年の選挙に勝利して大統領となった。

ワレサは謎の多い人物だ。彼はいわゆるインテリではなく、良い意味でも悪い意味でも、知性や教養がエリート官僚や学者のように行動の妨げにならない。彼は家族を愛し大切にする善良な父親であり、情に厚くて面倒見が良く、仲間に祭り上げられる豪快さを持った造船所の労働者だった。その一方で、本作が描くように結構小心者であり、ちやほやされると傲慢になり、故意に組織の内外で摩擦を起こす目立ちたがり屋でもあった。最終的には大統領に就任したが、露骨に権力を求めるようになり、人気は衰えていった。ワレサは叩き上げだけに、庶民政治家・田中角栄的なカリスマ性もあるのが分かる。

もっとも、ワレサは共産主義時代に公安のスパイであり、コードネーム「ボルク」(BOLEK)として労働組合の情報を外部に流していたとの曝露が何度も何度も繰り返されてきた。この疑惑については本作でも描かれているが、ワレサは1970年の食料暴動で逮捕された際、釈放条件として不本意な署名をした過去があり、公安がそれをネタにゆすっていたのではないかと言われるが、ワレサが戒厳令で逮捕された事実を踏まえれば、公安に協力する振りをしながらも、魂は売っていなかったと考える方が正しいであろう。

ハンガリー動乱(1956)やチェコの「プラハの春」(1968)など一連の民主化

運動はソ連によって粉砕されたが、ポーランドがその二の舞とならなかったのは、ワレサがキリスト教信仰による非暴力主義をとり、組合員指導に気を使っていたこと、ワレサがノーベル平和賞を受賞して国際的に注目されていたこと、ポーランド出身のヨハネ＝パウロ二世と同国のカトリック勢力の協力があったこと、何より１９８９年のブレジネフの死去によってゴルバチョフによるペレストロイカが始まり、１９８９年のベルリンの壁崩壊で冷戦が終結したことなど、幸運に恵まれたからであろう。

そんなポーランドの闘争を描いた本作は、存命中のワレサがイタリアの著名な女性ジャーナリストである故オリアナ・ファラチのインタビューに答えながら、１９７０年からの連帯の闘争を回想する構成になっている。撮影は35ミリと16ミリのカメラを併用し、当時の膨大な記録映像と実写映像とを見事に結合させている。サントラも80年代のロックミュージックを全編使用し、〈自由〉を叫ぶ共産圏国民の悲痛な声をリアルに重ね合わせている。にもかかわらず、ワイダ監督の往年の切れ味はない。第86回アカデミー賞外国語映画賞としてポーランド代表に選ばれたが、最終選考に残らなかったのも理解できる。

ワレサ役の男優ロベルト・ヴィエンツキェヴィチは、ホンモノそっくりである。その愛妻ダヌタに扮する女優アグニェシュカ・グロホフスカは美形すぎて、労働者階級の生活の匂いがしないのが玉に瑕だ。

（２０１４年６月号）

ドイツ映画
『西という希望の地』
原題『Westen』
第64回ドイツ映画賞主演女優賞
2013年製作
102分

「どこに住んでいようと、すべての自由人はベルリンの
市民であり、したがって、私は一人の自由人として
この言葉に誇りを持っています、『Ich bin ein Berliner!』」
――ジョン・F・ケネディ

監督　クリスティアン・シュヴォホフ
脚本　ハイデ・シュヴォホフ
製作　トマス・クフス
音楽　ロレンツ・ダンゲル
出演　イェルディィス・トリーベル
　　　トリスタン・ゲーベル
　　　ジャッキー・イドー

ベルリンの壁（Berliner Mauer）とは、東西冷戦の真っ只中にあった１９６１年8月13日にドイツ民主共和国（東ドイツ）政府によって建設された、西ベルリンを包囲する壁であった。１９８９年11月10日に破壊され（去る２０１４年11月には25周年記念がソ連のゴルバチョフ元書記長の参席のもと、盛大にベルリンで行われた）、１９９０年10月３日に東西ドイツが統一されるまで、この壁はドイツ分断や冷戦の象徴であった。壁の東側には幅１００ｍの緩衝地帯があったが、西側には何もなく接近することができたため、壁の西側ではこの存在を非難し、撤去を求める落書きが政治的メッセージとなり、かつモダンアートの芸術作品となり、西ベルリンの風景を賑わせた。

僕にとっても、１９８０年代に東ドイツ向けの商談で毎日、多いときには一日二回、東西を分けるチャーリーポイントかフリードリッヒシュトラーセの駅で長い行列を作って西ベルリンへ通った記憶がなつかしい。そこで目にするのは、東側では若い者を徹底的にこきつかうために死守する一方、年金を押し付けるために働けなくなった老人を姨捨山のように西側に追い出しているという光景だった。その悲劇的な〈親子の別離〉を駅で見て、歴史と政治の残酷さを目の当たりにしたものだ。

このベルリンの壁は小説や映画にとっては格好の題材だが、ドイツ映画では近年二本の秀逸作品があった。２００６公開の『善き人のためのソナタ』（独題：Das Leben der

Anderen, 仏題：La Vie des autres）と2012年公開の『東ベルリンから来た女』（原題：Barbara）の二本だ。パリで25周年記念として本作『WESTEN』をフランス語字幕で見た。秀逸作品だが、日本で公開されるのかどうかは知らない。

今までの映画は東の〈奴隷状態〉を描いた、いわば東側を見つめた作品だとすると、本作は西側を見つめた映画といえる。舞台は1975年の西ベルリン。従来の作品と趣が異なるユニークな点は、西側の偽善と残酷さを描いたところである。

映画の冒頭では、東ドイツの女性科学者ネリーが西ドイツの男性と偽装結婚し、亡夫との子どもを連れて三人で東ベルリン国境線を通過するところから始まる。過酷で屈辱的な全裸の徹底的身体検査を経て、ネリーは危機一髪、ついに悲願の西側に脱出できた。

これでめでたくハッピーエンド、そこから「二年前」などといってそれまでの東ドイツでの苦労を語るのかと思ったら、これが大間違い。ここから西側の脱出者収容所に収容された親子の過酷な運命を描くのだ。西側の収容所は東側ほど〈肉体的〉に残酷ではないにしても、〈精神的〉に過酷な場所だった。紳士面している西側の収容所はCIAの支配下にあり、亡命者は東側の工作員であることを疑われ、自由を与えられないまま〝飼い殺し〟にされる、希望のない収容所だったのである。絶望のあまり首吊り自殺者まで出る過酷な環境下で、ネリーは執拗な尋問を受ける。

現代ドイツ映画を僕がとても好きなのは、やはり東西の悲劇を経験した生々しい記憶から来る臨場感があるからだろう。この映画ではネリーを毒牙にかけようと職権を乱用して執拗に尋問する黒人ＣＩＡ捜査員の狡猾さが描かれている。彼はネリーと子どもが心を寄せる収容者の男性が、実は東ドイツの秘密警察シュタージの工作員だという噂をばらまき、死んだはずの旦那が生きているという実しやかな話を吹聴してネリーを混乱させる悪党ぶりだ。最後のシーンは、やや説明不足の感はあるものの、ハッピーエンドである。主人公ネリーに扮する女優ジョルディス・トリーベルは、セクシーで魅力満載の中年女性を演じて場を圧倒する。東側の残酷さとは異質の西側の残酷さ、それは偽善と欺瞞のオブラートに、アメリカのエゴを加えたさらなる残酷さかもしれない。日本で絶対に公開してほしい映画だ。最後に、アメリカ史上最高の大統領レーガンの言葉だ！

"General Secretary Gorbachev, if you seek peace, if you seek prosperity for the Soviet Union and eastern Europe, if you seek liberalization, come here to this gate. Mr. Gorbachev, open this gate. Mr. Gorbachev, tear down this wall !"（ゴルバチョフ書記長、平和を求めているのなら、ソ連と東欧の繁栄を求めているのなら、自由化を求めているのなら、この門に来てください。ゴルバチョフさん、この門を開けてください。ゴルバチョフさん、この壁を壊してください！）

（２０１５年１月号）

イラン映画
『独裁者と小さな孫』
原題『The President』
シカゴ国際映画祭最優秀作品賞
2014 年製作
119 分

本来イスラム教は寛容（tolerance）なのだ

監督	モフセン・マフマルバフ
脚本	モフセン・マフマルバフ
製作	メイサム・マフマルバフ
音楽	アレクサンドル・デスプラ
出演	ミーシャ・ゴミアシビリ
	ダチ・オルベラシビリ

パリに滞在していたら、イラン映画、しかもなんとあのイランの巨匠モフセン・マフマルバフの映画にありつけた！　イラン映画はアッバス・キアロスタミ監督、アスガー・ファルハディ監督の作品をはじめ綺羅星の如くだが、その中でもマフマルバフ監督の『カンダハール』（2001）は最高傑作だ。

同作はアフガニスタンの姉妹をめぐる物語だ。タリバン政権下のアフガニスタンからカナダに亡命した女性ジャーナリスト・ナファスのもとに、地雷で片足を失った妹から手紙が届く。そこには、絶望とともに20世紀最後の皆既日食の前に自殺すると書いてあった。ナファスは妹に会うため、危険を冒してカンダハールに向かった――。主人公ナファスを演じた女優ニルファー・パズィラは実際にアフガニスタンからパキスタンを経てカナダに移住した難民である。この作品で、僕はマフマルバフ監督の存在を初めて知ったのだ。

イラン映画の最大の魅力は、とにかく西欧や日本に見られない発想と着眼点だ。1957年にテヘランで生まれたマフマルバフ監督は10代半ばでイスラム主義に傾倒し、15歳で当時のパフラビー王朝体制を倒すための地下活動に参加して逮捕され、17歳から4年半の獄中生活を送る。1979年にイラン革命が起きて22歳で出所したが、政治とは離れて作家となり、1982年から映画監督としても活躍を開始した。2001年には彼のスピーチやレポートを集めた『アフガニスタンの仏像は破壊されたのではない　恥辱のあまり崩れ落ちたのだ』(現代企画室、2011年)という著作が日本でも出版された。バーミヤンの石仏は、アフガニスタンを苦しめる世界の無知や無関心の前に、自らの無力を恥じて自壊したのだという痛烈なメッセージだ。監督はアフガニスタン難民キャンプに住む子どもたちの識字・衛生教育やアフガニスタン国内の学校建設などを熱心に支援している。その後、2005年の大統領選を機にイランを出国、2009年以降はパリに在住。本人によると、イラン出国後の10年間で4回、イラン政府に暗殺されそうになったという。

そんな監督の政治的経験が生み出したのが本作だ。架空の国の老独裁者はクーデターで失脚後、幼い孫を連れて変装しながら国内を逃亡するが、行く先々でかつて自分が過酷に弾圧した被害者や犠牲者などと遭遇、自らの圧政に苦しんだ人々の話を聞き、自己嫌悪と悔悟の念に駆られながら逃避行を続ける……。あてどなく彷徨う老独裁者の姿はどこか、ギリシャの叙事詩『オデュッセイア』で描かれた英雄オデュッセウスの放浪を連想させる。

この監督の面白さは、シリアスな物語の中にもユーモアに満ちた描写があることだ。幼い孫にいくら口止めしたところで、どうしてもボロは出てしまうものだ。ある音楽がかかり、幼い孫がかつて祖父とともに閲兵した時の仕草が反射的に出てしまった場面では、冷や汗をかく老大統領と無邪気な孫がユーモラスに対比される。これこそが映画になくてはならない間合いだ。しかし、シリアスな物語はやはりシリアスな結末を迎え、哀れな老独裁者の末路は民衆による捕縛・リンチだった。

だが、監督はここで簡単には終わらせない。復讐心に燃え、殺しても殺し切れないと怒り狂い、「先に孫を吊るせ！」「いや、首切りだ！」「いや、火あぶりだ！」と残虐な処刑を主張する衆愚の姿を描き出し、それによって逆説的にイエスの説く〈復讐の空しさ〉やムハンマドの説く〈寛容〉を観客に喚起するのだ！　ここに、敬虔なイスラム教徒でありながらキリスト教の赦しにも通じる監督の教養と冷静な視線が表れている。

もともとアラーの教えは――一部の原理主義者とは異なり――寛容（Tolerance）にある。イスラム教が異教徒であるユダヤ教徒やキリスト教徒の存在を認め、共存していた事実はイベリア半島の歴史を見れば明らかだ。キリスト教徒は15世紀末にレコンキスタを実現してイベリア半島を奪還した後、直ちにユダヤ教徒追放令を出したが、彼らを多く受け入れたのがオスマン帝国だったことを忘れてはならない。オスマン帝国は15世紀にコンスタンティノープルを攻略したが、その後も当地にあるギリシャ正教の総主教座を許容した。

イスラム教は寛容と慈悲に満ちた教えであり、異教徒に対しても堪え難い重荷を押しつけなかった。常に善には善で報い、悪にはその責任を取らせたにすぎない。そんなイスラム教の本質は本作でも描かれている。やはりこの監督のイスラム教は本物であり、その教養は大したものだ。日本での公開を是非望む。

（２０１５年３月号）

フランス・ドイツ合作映画
『パリよ、永遠に』
原題『Diplomatie』
第40回セザール賞最優秀脚本賞
2014年製作
88分

パリの救世主か、それとも単なる命乞いか

監督	フォルカー・シュレンドルフ
脚本	シリル・ジェリー
製作	マルク・ド・ベイゼール
音楽	イェルク・レンベルク
出演	アンドレ・デュソリエ
	ニエル・アレストリュプ
	チャーリー・ネルソン

ラジオが「ドイツの全放送局からナイトコンサート」と伝え、フルトヴェングラー指揮のベートーヴェンの交響曲第7番が流れる。それに合わせて、ナチスドイツ軍の占領下で破壊し尽くされたポーランドの首都ワルシャワの実写映像が重なる。一方、ワルシャワと同じようにナチスドイツの占領下に置かれたフランスの首都パリは破壊されることがなかった。2014年夏、パリは解放70周年記念で賑わった。その歴史の背景には、ヒトラーによる最後の狂気といえるパリ破壊計画を体を張って阻止したと言われるナチスドイツ軍の将軍の存在があった……。

この映画の主人公であるドイツ国防軍歩兵大将ディートリヒ・フォン・コルティッツ（1894年～1966年）は、第二次世界大戦中の1944年にパリ市防衛司令官を務め、連合国側によるパリ解放を実現させた人物である。第二次世界大戦末期にはドイツのベルリン、ハンブルグ、ドレスデンのみならず、イギリスのロンドンすら大規模な空爆を受け、戦後数年間に亘って瓦礫に覆われたが、フランスのパリはほとんど無傷だった。パリは戦略的重要性がなく、空爆の対象にならなかったのである。しかし、ヒトラーはパリ市防衛司令官に任じたコルティッツ将軍の赴任前日に、パリの歴史的建造物の破壊を準備するよう命令し、パリ解放の直前にその決行命令を打電したという。打電のあと、ヒトラーは自分の命令が実行されたものだと思って、「パリは燃えているか」と聞いたもいう。

コルティッツ将軍の１９５１年の回顧録では「ヒトラーの戦争最終段階のパリ破壊命令に対して、ヒトラーの狂気を感じたので抗命した」と述べた。さらに将軍の死後、その息子が将軍の功績をしきりに強調した。ノートルダム寺院さえ残せばフランス人はありがたいと思っていたはずだが、フランスも公式にはそれを認めたくないから、あくまでもレジスタンスこそが二千丁の銃でナチスドイツからパリを守ったと言いたいのであって、現にフランスの知識階級は将軍の働きを認めているのだ、と述べている。

しかし、本当にコルティッツ将軍がパリを救ったのかは異論がある。仏独共同テレビ局『アルテ』のドキュメンタリー番組（２００７年1月10日放映）では、コルティッツは破壊命令を実行するだけの兵器を持っていなかったとか、「自分を降伏後に戦争犯罪人として扱うなら破壊命令を実行する」と連合国側を脅した記録もあるとかいう話が出ている。コルティッツはパリの救世主だというが、そんな美談は実際には噴飯ものだという見方だ。

この映画の原作は、フランスの作家シリル・ゲリーの戯曲だ（この舞台はパリで大ヒットした）。舞台で主役を演じた主演俳優が映画でも主役を演じており、舞台と同じように映画でもほとんどの場面は主役二人の会話の綾を描いて戯曲的である。また、監督は僕の生涯で最も好きな映画の10指に入る『ボイジャー（原題：Homo Faber）』（１９９１年）を撮ったドイツの巨匠フォルカー・シュレンドルフだ。フランス人作家の戯曲をドイツ人監督が映画化したという点も大いに注目したい。

１９４４年８月25日。舞台はパリ市防衛司令官（将軍）の駐在するパリ中心部の五つ星ホテル「ル・ムーリス」（Le Meurice）。コルティッツ将軍率いるナチスドイツ軍は、ヒトラーの命令を受けパリの歴史的建造物を爆破する作戦を立てていた。そこへ、パリで生まれ育ったスウェーデン総領事ノルドリンクが現われ、作戦を食い止めるべく説得を開始する。しかしコルティッツ将軍はドイツに残してきた妻子をゲシュタポに人質に取られており、ヒトラーの命令に背くことはできないと言う。

将軍は家族への愛情と軍人としての命令服従義務の狭間で引き裂かれ、かつ「パリの破壊者」として歴史に永遠の悪名を残すことへのためらいがある。それに対して、総領事はハッタリと浪花節を交えながらパリ破壊の命令に従わないよう説得していく。そんな二人のやり取りは、まさにスリリングで絶妙だ。

将軍は「君が僕と同じ立場だったらどうする？」と尋ねる。総領事は一度目の質問には答えをはぐらかしたものの、二度目の質問には正直に「わからない」と答える。実はこの答え――「私ならパリを守る」とは言わなかったこと――こそが、将軍にとって心の救いだったのだ。この言葉で、両者の信頼関係が確立したのである。本作の見所は二人の対話だが、その中でも特にこの場面は圧巻だ！

（２０１５年６月号）

ロシア映画
『裁かれるのは善人のみ』
原題『Leviathan』
第67回カンヌ国際映画祭脚本賞
2014年製作
140分

ソ連崩壊後のロシア社会の
偽善と欺瞞を鋭く描くリアリズム

監督	アンドレイ・ズビャギンツェフ
脚本	アンドレイ・ズビャギンツェフ
製作	アレクサンドル・ロドニャンスキー
音楽	アンドレイ・デルガチェフ
出演	アレクセイ・セレブリャコフ
	エレナ・リャドワ
	ウラジミール・ヴドヴィチェンコフ

最初から苦言で恐縮だが、何という下らない邦題をつけたのか！　この映画を、これほど短絡的に表現した日本映画界の知能指数がわかるというものだ。

原題の「レヴィアタン」（Leviathan）とは、旧約聖書の『詩編』『イザヤ書』『ヨブ記』に登場する海の怪物である。『ヨブ記』では、こう描写されている。レヴィアタンはその巨大さゆえ海を泳ぐ時には怒涛を逆巻き、口から炎を、鼻から煙を噴き出す。口には鋭利で巨大な歯があり、身体全体には鎧のような鱗がある。性格は凶暴そのもので冷酷無情である……。トマス・ホッブスは主著『レヴィアタン』でこの怪物の名を「国家＝コモン・ウェルス」に冠したが、この映画では、その名を、どうしようもない病理と閉塞感に塗れた「現代のロシア社会」に冠している。

本作は『父、帰る』（２００３）でベネチア金獅子賞の栄誉に輝いたロシアの新進気鋭アンドレイ・ズビャギンツェフ監督が手掛け、第72回ゴールデングローブ賞外国映画部門に輝いた。

ソビエト連邦は１９２２年に成立してから１９９１年に崩壊するまで約70年間、ソビエト共産党の支配下にあり、共産党の特権階級がイデオロギーによって権力を恣《ほしいまま》にした。その後遺症は新生ロシアにも残っており、ソ連時代の巨大な官僚組織と特権階級の存在に阻まれて、欧米的な資本主義国家に変わり切ることができないまま現在に至っている。

一方、支配される国民の側も、70年間にわたって言論活動や経済活動の自由から疎外されてきた経験がDNAとして染み付くまでになっている。結局、ソ連時代の共産主義イデオロギーや〈共産主義の理想的倫理観〉というある種の倫理観が消え去った後、新生ロシアは金権と強欲の資本主義イデオロギーに席巻され、〈露骨な権力と金の亡者〉が台頭した。つまり、共産主義という「古いレヴィアタン」が去った後、資本主義という「新しいレヴィアタン」が現れてロシア社会を蹂躙するに至ったのである。ロシア正教会も国民の不満を懐柔する権力の手先でしかなくなった。教会のみならず司法・警察すべてがこのレヴィアタンの歯車として、一切の正義を打ち砕く悪の組織と化してしまったのだ。

映画は旧約聖書列王紀上21章の、ナボテのぶどう畑を巡り、アハブ王にイザベル王妃が仕掛ける陰謀を連想させる。すなわち〈権力が一般人の土地所有に対して権力を濫用する〉という筋書きである。北極海の一部であるバレンツ海沿岸の寒村で自動車修理工場を営みながら、一族が代々暮らしてきた家で妻子と暮らす主人公。再開発のために土地買収を画策する悪徳市長による強行策に対して、主人公は旧友の弁護士をモスクワから呼び寄せて権力に対抗するが、空しく敗退する。

さらに家庭内には後妻と子供との間の感情的なもつれがあり、後妻の疎外感は弁護士とのつい出来心の不倫に発展し、家庭まで崩壊寸前となる。怒り心頭の主人公と子供、それでも主人公は妻を〈赦す〉ことにするのだが、妻は自殺してしまう。さらに「レヴィアタン」は妻の自殺を殺人とし、彼を冤罪で15年の刑に処すのだ。破れかぶれの状況で、子供を引き取る友人夫妻だけが隣人愛を象徴する唯一の救いだ。

この悲劇の主人公は妻の自殺後、ロシア正教会の主教に「神はどこにいるのか？」と尋ねるが、「教会にも行かず懺悔もしないではないか」と一蹴される。主教は〈神の沈黙〉について、キリスト教が逃げ口上の常套手段として用いるヨブ記をご都合主義に引用するのだった。信心深いヨブは不条理な事態においても、外部の雑音も撥ね除けてひたすら信心を続け、その後に幸福が訪れたと語る。そんなお伽話があるかと怒る主人公、それはお伽話ではなく聖書だと答える主教！　教会のミサで権力に癒着した主教が奏でる聖書朗読は、空しく響くだけである。

「神は真実に宿る。真実に生きれば神はその人に宿ります」

そこには子供連れで参列した悪徳市長の姿があった。キリスト教の宗教としての偽善と欺瞞に激怒させる圧巻のラスト・シーンといえる。

僕はこの映画を見て、まず黒沢明の『悪い奴ほどよく眠る』、そして松本清張の暗黒社会劇を連想した。妻が投身自殺する断崖絶壁はまるで、あの能登の自殺名所を思い出させる。この映画を今年の始めにパリで観たが、今頃日本で封切りだ。（２０１５年12月号）

ノルウェー映画
『ヒトラーに屈しなかった国王』
原題『Kongens Nei』
2016年製作
136分

国民を代表する指導者の
土壇場の苦悩と決断に感動する映画だ！

監督	エリック・ポッペ
脚本	エリック・ポッペ
製作	ペーター・ガルデ
音楽	ヨハン・セーデルクビスト
出演	イェスパー・クリステンセン
	アンドレス・バースモ
	カール・マルコビクス

ノルウェーで2016年の興行成績第1位に輝き、第89回米アカデミー賞の外国語映画賞ノルウェー代表作品になった映画である。

性格描写や映像がハリウッドにないスタイルで、まさに僕が〈辺境映画〉として好む映画だ。ノルウェーの国民の7人の1人がこの映画を見るほど人気を得たという。

当時のノルウェー国王も、政治とは分離された日本の象徴天皇に似た位置付けであったが、第二次世界大戦でナチスがノルウェーを占領して傀儡政権を樹立した時、命をかけてこれに抵抗する国王の姿は、まさに象徴の地位を離れた政治指導者であり、我が国の憲法の規定する象徴天皇の地位と比べて興味深い。

とにかく欧州の王族は筋骨隆々たるスポーツマンであり、国民を愛し、民主主義の建前を遵守するが、必要ならば戦争も辞さない、まさにローマ帝国を彷彿させる人々である。

国民軍が命がけで戦っているのに王室がそれに甘んじているわけにはいかず、戦争の陣頭指揮に立ちたいという皇太子の心意気なども感動を呼ぶ。

ここで思い出すのが、英国とアルゼンチンが領土の帰属問題をめぐって武力衝突したフォークランド紛争だ。1982年4月2日、軍事政権率いるアルゼンチン軍はフォークランド諸島に上陸したが、英国軍の反撃に破れて6月14日に降伏した。アルゼンチン軍に649人、英国軍に255人の死者が出た。この紛争では、エリザベス女王の二男であるヨーク侯爵アンドルー王子（Prince Andrew, Duke of York）もヘリコプター「シーキング」（Sea King）の副操縦士として従軍した。

北欧の小国ながらナチス・ドイツに最も抵抗し続けたノルウェーにとって、歴史に残る重大な決断を下した国王ホーコン7世の、運命の3日間を描いたのが本作だ。

ナチスドイツが友好国スウェーデンから鉄鉱石を輸入するためには、ノルウェーの不凍港を経由する必要がある。ドイツはノルウェーを占領するため、1940年4月9日に首都オスロに向けて侵攻を開始した。

彼我の圧倒的な戦力差から、ノルウェーは為す術もなく主要都市を占領されていく。ドイツ公使による降伏要求が突きつけられるが、ホーコン7世はこれを拒否。だが、ドイツによる要求はなおも苛烈を極め、ナチスに従うか、国を離れて抵抗を続けるか、ホーコン7世は家族と国民のため、究極の選択を迫られる。

この窮状において、偉大な愛国者ホーコン7世の見識と不屈の精神が国民の支持を得て、ノルウェーは多くの犠牲者を出しながらも、ナチスに迎合せずに戦い抜いた。ホーコン7世の家族や祖国への愛と葛藤を描いた映画だ。

俳優も素晴らしい。主人公のホーコン7世を演じたのは、『007 カジノ・ロワイヤル』『007 慰めの報酬』『007 スペクター』で悪役ミスター・ホワイトに扮したイェスパー・クリステンセン。プロデューサーとしても本作を支えた。

ホーコン7世の息子であるオーラヴ皇太子役を演じたのは、やはりノルウェーの歴史映画『コン・ティキ』（２０１２）に出演したアンドレス・バースモ・クリスティアンセン。そして、忸怩たる思いで、良心がありながら雇われ公使としてヒトラーには徹底的に逆らえない、〈善意〉の男に扮するドイツ公使の演技が光っている。どこかで見た顔だと思ったが『ヒトラーの贋札』のカール・マルコビクスが扮していた。この演技が国王と共にこの映画を盛り上げている。

ノルウェーの近現代史は、僕たち日本人には馴染みが薄くて初耳のことが多い。それゆえ、本作の主人公ホーコン7世と明治天皇の交流もほとんど知られていない。

１９０２年、八甲田雪中行軍遭難事故が起きた。日本陸軍は対露戦争を見据えて青森県の八甲田山で冬季訓練を行ったが、遭難の末に１９９人もの犠牲者を出した。１９０９年、このことを聞いたホーコン7世は、「我が国で冬季に使っているスキー板があれば、このような遭難事故は起こらなかったのではないか」と考え、明治天皇に宛てて事故のお見舞としてスキー板2台を贈呈した。これがきっかけとなり、日本とノルウェーのスキー交流が始まったという。

（２０１８年2月号）

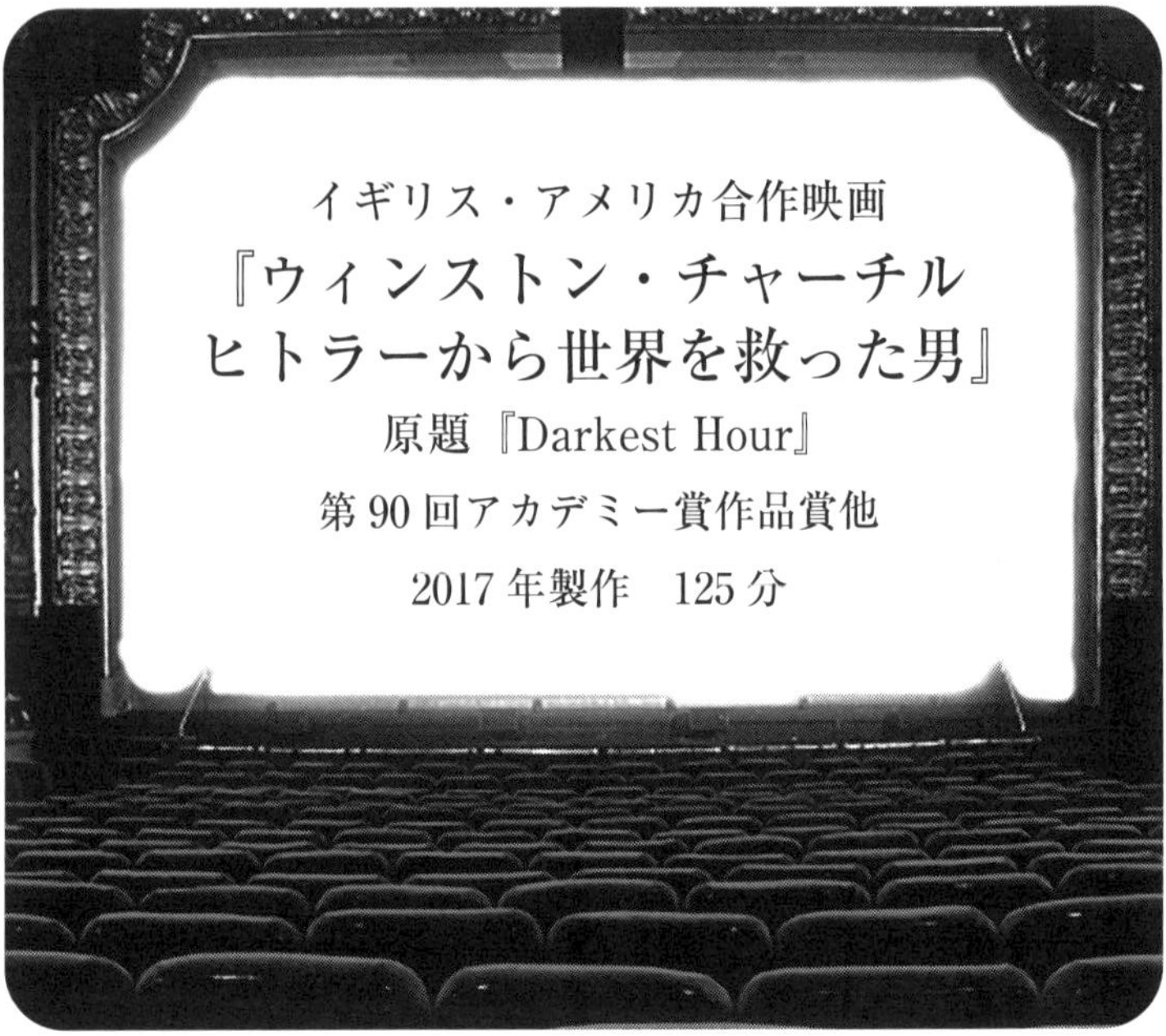
イギリス・アメリカ合作映画
『ウィンストン・チャーチル
ヒトラーから世界を救った男』
原題『Darkest Hour』
第 90 回アカデミー賞作品賞他
2017 年製作　125 分

「成功は決定的ではなく、失敗は致命的ではない。
大切なのは続ける勇気だ」
——ウィンストン・チャーチル

監督	ジョー・ライト
脚本	アンソニー・マクカーテン
製作	ティム・ビーヴァン
音楽	ダリオ・マリアネッリ
出演	ゲイリー・オールドマン
	クリスティン・スコット・トーマス
	リリー・ジェームズ

この映画は今年（2018年）の第90回アカデミー賞でゲイリー・オールドマンが主演男優賞、辻一弘がメイクアップ賞の栄誉に輝いた作品だ。第90回では僕には理解しがたいオカルト的なSF映画『シェイプ・オブ・ウォーター』が予想外・論外の作品賞（オスカー）・監督賞を受賞したが、本来ならば本作と『スリービルボード』がそれぞれが作品賞と監督賞の栄誉を分かち合うべきだった。本作が作品賞あるいは監督賞を逃したのは、ハリウッドの左翼やエセ平和主義者が「反トランプ」という政治的動機から反対したからではないか。

本作の監督は、僕の評価するジョー・ライト。イギリス出身のライト監督はこれまで『プライドと偏見』（2005）、『つぐない』（2007）、『路上のソリスト』（2009）、『ハンナ』（2011）、『アンナ・カレーニナ』（2012）、『PAN～ネバーランド、夢のはじまり』（2015）を手掛けてきた。どれもが素晴らしい映画だった。

この映画も実に品格あるタッチで、チャーチルの苦悩を描いている。チャーチルは大酒飲みにして葉巻のチェーン・スモーカーだった。作中でも朝からウイスキー、昼には国王とのランチでさえもマイペースにシャンペン一本、そして夜にもう一本を空け、一日中葉巻をふかしている。当然ながらアルコール中毒・ニコチン中毒に陥っており、いわゆる優等生的な政治家ではなかったことは確かだ。しかし、危機において本領を発揮するのが、決して優等生ではなく、このような感情にムラのある、起伏の激しい、そして愛国心がほとばしる政治家であることは古今東西の真理だろう。そんなチャーチルは国を救った英雄だが、それと同時に帝国主義者であり、人種差別者でもあったことを忘れてはならない。彼はインド独立に反対する守旧派の代表でもあったのだ。

この原稿を書いているのは、4月に板門店で開催された南北首脳会談で、またもや世界が北朝鮮の術策に翻弄されている真っ最中だ。「外交には正義などない」というマキャベリズムからしても不思議なのは、こんな茶番の韓国と北朝鮮の芝居劇に世界は感動して、今年のノーベル平和賞の候補のトップにこの二人が躍り出ていることだ。1939年に英仏両国が宥和政策によってナチスドイツの要求を飲んだミュンヘン会談が、どれだけ世界に禍根を残したかという歴史の教訓など何一つない。今回の南北首脳会談を歓迎する世論には、ひたすら「平和」という偽善と欺瞞の状況が続けば良いという根性が見られ、ミュンヘン宥和の教訓などひとかけらも継承していないことがわかる。

この映画の背景にも、1938年に英国のチェンバレン首相とフランスのダラーディエ首相が、チェコを捨ててヒトラーとの和平に安住した宥和政策の犯罪がある。このミュンヘン会議に対して、チャーチルは怒りを込めてこう述べている。

「すべては終わった。見捨てられ打ちのめされたチェコは沈黙と悲しみに包まれて闇の中に退場する。……われらの護りは恥ずべき無関心と無能にあったこと、われらは戦わずして敗北したこと、その敗北が後にまで尾をひくことを知れ。……これは終わりではない。やがてわれらに回ってくる大きなつけのはじまりにすぎぬ」

さらに自著『第二次世界大戦回顧録』の中では、「第二次世界大戦は防ぐことができた。宥和策ではなく、早い段階でヒトラーを叩き潰していれば、その後のホロコーストもなかっただろう」と述べている。宥和派の代表はチャーチルの政敵ハリファックス外相だった。本作では首相に任命された孤立無援のチャーチルが、その手腕を発揮して国会を乗り切り、たとえカレーの英国兵を見捨ててでも、ダンケルクの戦いから英国兵を救出することに全てをかける姿が描かれている。まさに偉大な政治指導者が、そのカリスマ的かつ冷静沈着な判断により、祖国や世界の運命を左右する決断を下す姿が描かれているのだ！

国民のエゴイズムをいちいち尊重する民主主義の限界、そして国民に嫌われようが、やるべきことをやる覚悟のある者だけに政治家たる資格がある、ことを学ぶ絶好の映画だ。

チャーチルの名言は有り余るほどあるが、いまのこのような時期において次の言葉が日本人の心に響くのではないだろうか。

「敵がいる？　良いことだ。それは、人生の中で何かのために立ち上がったことがあるという証だ」

（２０１８年６月号）

イギリス映画
『スターリンの葬送狂騒曲』
原題『The Death of Stalin』
2017 年製作
107 分

「スターリンの『一国社会主義建設』は不可能であり、
それは必然的に官僚の特権とその既得権防衛のための
専制体制へと堕落する」——トロツキー

監督	アーマンド・イアヌッチ
脚本	アーマンド・イアヌッチ
製作	ヤン・ゼヌー
音楽	クリス・ウィリス
出演	スティーヴ・ブシェミ
	サイモン・ラッセル・ビール
	パディ・コンシダイン

20世紀の世界に最悪の惨禍を与えた政治指導者は、ヨセフ・スターリンではないか？20世紀のみならず21世紀の今なお、共産主義が世界人類へ与える悪影響は、ナチスドイツの比ではない。スターリンと比べれば、ヒトラーなどその悪の足下にも及ばない。

グルジア出身のスターリンは、出自のコンプレックスの裏返しで異常なまでの権力欲・自己顕示欲を抱き、自らの目的を達するためならば全く手段を選ばない人物だった。裏切り者を絶対に許さない不寛容さ、猜疑心、執念深さ――まさに冷酷無比の性格であった。

その反面、本作でも見られるように、ジョークやユーモアのセンスもあったが、それゆえ側近はスターリンの発言が「冗談なのか、本心なのか」が分からず、その狭間で恐れおののいていたのだ。1942年8月スターリンとチャーチルがモスクワで会談した際、スターリンは「神のご加護があるように」と言い、チャーチルが「もちろん、神は我々の味方です」と答えると、スターリンは「悪魔は私の味方だから、敵に対してこれに勝るものはない」と微笑んだ。

スターリンの権力は絶大であり、誰一人として自分の意思を表明できない状態が生まれた。本作の冒頭では、側近たちがスターリンに恐れおののき、体裁笑いやおべっかを振りまくが、スターリンが突然死した後、側近たちが掌を返したように豹変し、お互いに騙し合い、裏切り合い、策謀を巡らせる姿がコミカルに描かれている。英国出身のアーマンド・イアヌッチ監督は政策の動機について、「ヒトラーの肖像画はドイツのどこに行ってもホテルや公共の場では見られないが、スターリンの肖像画などはモスクワのホテルでも健在だ」と述べている。

原作はフランスのグラフィックノベル『La mort de Staline』（スターリンの死）。監督の動機に表れているが、だからこそ、本作ではスターリンの側近の一人であり、大粛清を実施した秘密警察「NKVD」（内務人民委員部）のラヴレンチー・ベリヤを〈歴史の生贄〉として「スターリンの分身」「悪の権化」として描き、その他の側近が共謀してベリヤを葬ってしまう、というような単純な仕立てになってしまったのだろう。

映画の内容は実際の史実とかなり異なる。ベリヤは当時秘密警察のトップではなく、彼が逮捕・処刑されたのはスターリンの死後3か月だった。ジューコフ将軍も当時最高司令官ではなく、モスクワにはいなかった。モロトフも当時外務大臣ではなかった。

このように史実と物語の齟齬は多いが、映画作品としては全く問題はない。ただ、単なる悪党ベリヤの退治ではなく、スターリン独裁体制における組織悪の実態、さらには独裁者が亡き後の組織内の権力闘争と、そこで顕著に表れる人間の醜態さと卑劣さ――それこそ独裁的な政治組織のみならず、日常的なサラリーマン組織にも見られる人間の汚さ――をもっと掘り下げてもらいたかったのは事実だ。それでも、本作のコミカルな作り方は実に面白い。20世紀最悪の独裁者を茶化しながら、デフォルメした形ではあるが、いまだに世界各地に存在する独裁者の危険性を、大衆が絶えずウォッチせねばならないと警鐘を鳴らしてくれたイアヌッチ監督の手腕を評価せねばなるまい。

トロツキーはソビエト共産党が組織として腐敗することを透徹な見識で見抜いたため、スターリンと対立して粛清された末にメキシコで暗殺された。

ちょうど僕が学生だった１９６０年後半、パリの五月革命をはじめとする世界的な学生運動の波の中で、日本の新左翼運動はまさに日本共産党というエスタブリシュメント、つまり組織悪に対する学生闘争を展開した。彼らは反スターリンのトロッキストを自称して戦った。ここには、共産党のみならず政官財の大組織のエスタブリッシュメントに対する激しい怒りとともに「破壊と創造」への理念があった。確かに組織悪は、未来永劫、それが人間の組織である限り決して根絶されないことも事実だが、組織悪を最小化しようとする不断の努力以外に組織の腐敗を防ぐ手段がないことも事実であり、その意味ではトロツキーの言う〈永久革命論〉に真実がある。

本作はロシア、カザフスタン、ベラルーシ、キルギスで上映禁止となっている。独裁者を風刺するコメディ映画を上映禁止にする政治体制とはまさにスターリン主義そのものだが、それ自体が本作の大きな宣伝効果になっているのは皮肉である。（２０１８年9月号）

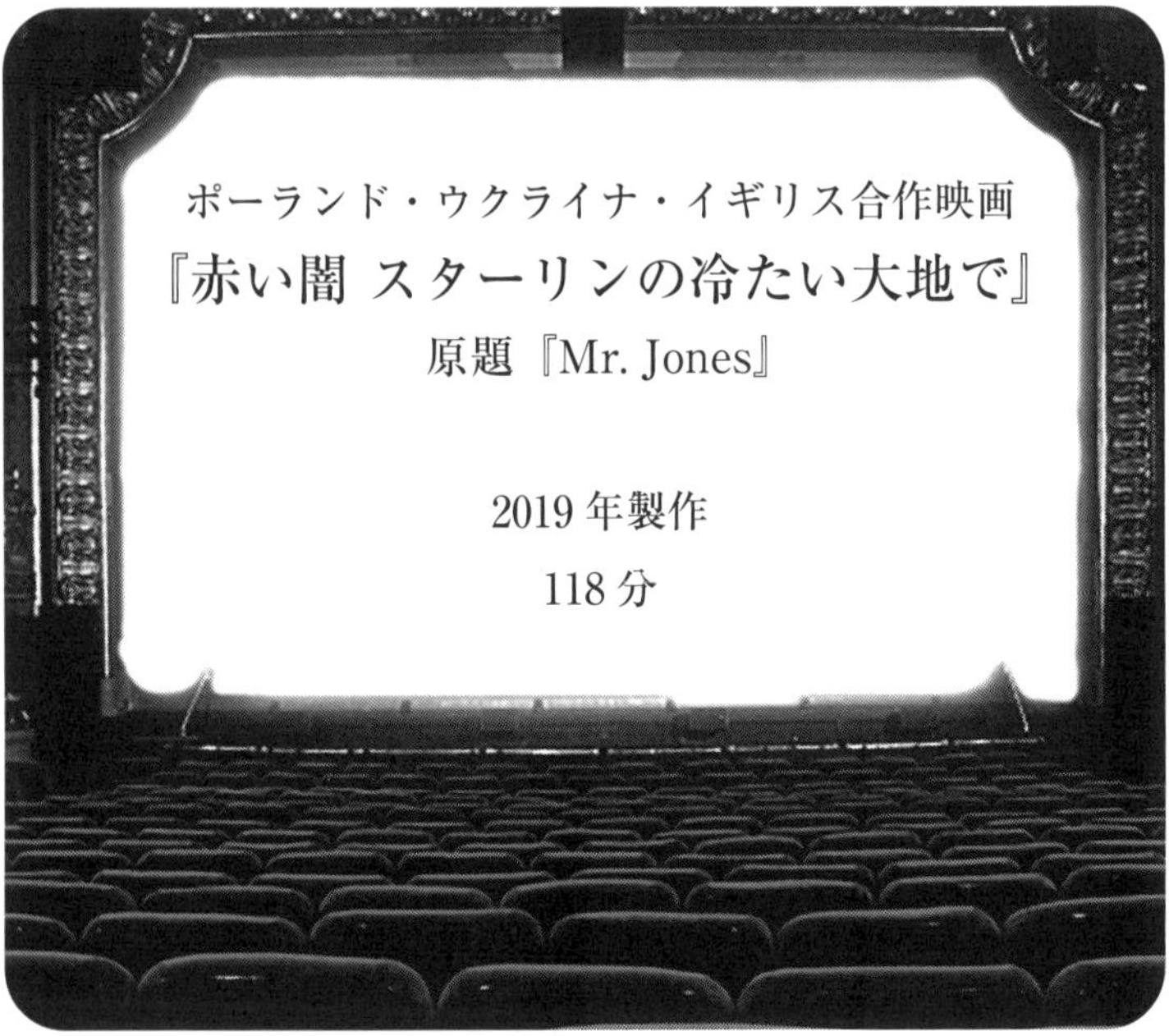
ポーランド・ウクライナ・イギリス合作映画
『赤い闇 スターリンの冷たい大地で』
原題『Mr. Jones』
2019 年製作
118 分

「ソビエトでは希望こそ思想の中心である。
階級がなく、淑女や紳士がおらず、誰もが友人である
ような国にいる、それはまれにみる清々しい経験だった」
——バーナード・ショウ（スターリン下のソ連を旅して）

監督	アグニェシュカ・ホランド
脚本	アンドレア・チャルーパ
製作	スタニスワフ・ジエジッチ
音楽	アントニ・ワザルキェヴィチ
出演	ジェームズ・ノートン
	ヴァネッサ・カービー
	ピーター・サースガード

英国の首相ロイド・ジョージ、（ロシア革命後のソ連に対する好意的報道で）ピューリッツァー賞を受賞したニューヨーク・タイムズ社のモスクワ首席駐在員ウォルター・デュランティ、作家ジョージ・オーウェル、さらには米国の新聞王ウィリアム・ランドルフ・ハーストなど実在の人物が登場する本作は、「事実に基く」というから面白い。愚直なほど真面目な主人公の「ミスター・ジョーンズ」ことガレス・ジョーンズ（Gareth RichardVaughan Jones）も実在の英国人ジャーナリストであり、世界恐慌の中でソ連の不都合な真実を報道したことでスターリンの怒りを買い、満洲国を取材中にソ連の秘密警察「ＮＫＶＤ」（内務人民委員部）によって暗殺された人物だ。そんなジャーナリストの命懸けの取材を描いたのが、本作である。監督は、『ソハの地下水道』（２０１１）で知られるポーランド出身のアグニェシュカ・ホランドだ。

英国の首相ロイド・ジョージの元外交顧問であったコネもあり、１９３３年、かつてヒトラーにも取材したことがある記者ガレス・ジョーンズは、世界恐慌の中でソ連だけが好景気であることに疑念を抱き、その謎を探るため単身モスクワへ向かい、当局の監視を避けながら全ての鍵を握るウクライナを目指す。

当時のウクライナは、１９１９年に「ウクライナ・ソビエト共和国」が成立した後、１９２２年には「ロシア・ソビエト連邦社会主義共和国」（現在のロシア連邦）や「白ロシア・ソビエト社会主義共和国」（現在のベラルーシ共和国）などとともに、ソビエト連邦を構成した。ソビエト・ロシアにとって、ウクライナで収穫される小麦の輸出は貴重な外貨獲得の手段であった。

１９３０年代初頭にウクライナが大飢饉に襲われて飢餓が発生しても、同国の小麦は徴発されて輸出に回され続けたため、それがさらなる食糧不足を招くことになった（飢餓輸出）。これが世に言う「ホロドモール」（Holodomor：飢餓による虐殺）であり、ウクライナを中心に数百万人もの餓死者・犠牲者を出した。ドイツのユダヤ人虐殺（ホロコースト）やオスマン帝国のアルメニア人虐殺と肩を並べるジェノサイド・虐殺事件であるが、一連の飢餓の事実をソ連政府が認めるのは、１９８０年代まで待たなければならなかった。

２００８年、ホロドモール発生75年を記念して、ウクライナの首都キエフに「ウクライナ飢饉犠牲者追悼記念館」が開設、２０１０年には国立化されて「ホロドモール犠牲者追悼国立博物館」となった。ホロドモールはウクライナ政府による反ロシア・キャンペーンとして政治的・意図的に利用されている面があり、飢餓の状況はウクライナだけではなくロシア本土も同じだった、という反論もある。

当時のソ連政府が飢餓の事実を認めることはウクライナ農民に譲歩することを意味したが、五カ年計画の成功を宣伝することで外交的承認を得ようとしていたため、飢饉を認めるわけにはいかなかった。国際政治の場での名誉失墜は避けねばならなかったのである。

当時ソ連に招かれていた劇作家のバーナード・ショーや作家のジョージ・ウェルズ、ニューヨーク・タイムズ記者のウォルター・デュランティ等は「模範的な運営が成されている農村」を見せられ、ソ連当局の望み通りの視察報告を行っただけであった。まさに「ミイラ取りがミイラ」になってしまったのである。そんな中で、ジョーンズは決死の潜入取材により、スターリンの理想郷が飢餓とカニバリズム（人肉食い）の地獄であることを目撃したのだった——なお、本作では伏線としてジョーンズとニューヨーク・タイムズのモスクワ支局に勤める女性とのロマンスも織り込み、物語を盛り立てている。

さて、本作に登場するジョージ・オーウェルが『１９８４年』で警鐘を鳴らした独裁国家による徹底的管理システムの危険性は、科学技術を悪用したシナで実現し、ようやく米国を先頭に世界的に危機感が頂点に達している。また、オーウェルは『動物農場』でとある農園の動物たちが劣悪な農場主を追い出して理想的な共和国を築こうとするが、指導者の豚が独裁者と化し、恐怖政治へ変貌していく様子を描いている。本書は実際にスペイン内戦に自ら参加した体験を持つオーウェルが、人間を豚や馬などの動物に見立てることで、実名を避けながらロシア革命やソ連の全体主義、スターリン主義への痛烈な批判を寓話的に描いた物語である。

（２０２０年10月号）

ボスニア映画
『アイダよ、何処へ？』
原題『Quo Vadis, Aida?』
ロッテルダム国際映画祭観客賞
2020年製作
102分

「ユーゴスラビアはひとつであり、
民族主義的な思想は許さない」
——ヨシップ・ブロズ・チトー

監督　ヤスミラ・ジュバニッチ
脚本　ヤスミラ・ジュバニッチ
製作　ダミル・イブラヒモビッチ
音楽　アントニー・ラザルキーヴィッツ
出演　ヤスナ・ジュリチッチ
　　　イズディン・バイロヴィッチ
　　　ボリス・イサコヴィッチ

本作の監督であるボスニア人女性のヤスミラ・ジュバニッチが過去に撮影した『サラエボの花』は、僕がこれまで観てきた作品の中でも最高傑作の一つに挙げられる。その内容を簡単に紹介する。

母から父親がボスニア紛争の英雄であると聞かされていた娘は、あることをきっかけに、母から父親に関する震撼すべき事実を告げられて絶望に陥るのだった。自身の出生の秘密を知った娘は、母に対して激しく反発するが、やがて娘は母の決断を理解し乗り越えようと努力する。そこには憎しみから希望へと到る灯火が見える。同作を通じて、まさに人間が生きる暗闇に光を灯すことこそが映画の社会的使命だと深く感動させられた思い出がある。

今回取り上げるジュバニッチ監督の新作『アイダよ、何処へ?』は、第77回国際映画祭のコンペティション部門選出、第93回アカデミー賞では、国際長編映画賞ノミネートされている。

本作は、ボスニア・ヘルツェゴビナ紛争の最中、１９９５年7月にスレブレニツァで起きた大量虐殺事件を描いている。すなわち、セルビア人のラトコ・ムラディッチ（２０２1年、旧ユーゴスラビア国際戦犯法廷での終身刑が確定し、服役中）に率いられたスルプスカ共和国軍（Vojska RepublikeSrpske; VRS）によって推計８０００人のボシュニャク人（イスラム教徒）が殺害された事件だ。今からわずか26年前に起きた残酷で見るに堪えない、文字通り地獄絵の世界であった。第一次・第二次大戦を遥かに凌ぐ生々しい残虐さには呆然とする。

国連平和維持軍の通訳として働く女性を主人公に、家族を守るために奔走する彼女の姿を通して、事件当時に何が起こっていたのか、虐殺事件の真相を描き出している。1995年の夏、ボスニア・ヘルツェゴビナの町スレブレニツァがセルビア人勢力によって占拠され、住人たちが保護を求めて国連基地に集まってくる。家族を守ろうとするアイダだったが、物資の不足した少数のオランダ軍・国際連合平和維持活動隊は無力であり、すべては虚しく家族は虐殺されてしまう。

ジュバニッチ監督の描く世界の素晴らしさは、アイダが事件の後、現地に戻ってくるシーンに表れている。紛争の犠牲になった多くの民族とその何の罪もない子供達の笑顔などをコミカルに映写することにより、復讐ではなく新たな融合の必要性と希望を説く最後のシーンには、まさに『サラエボの花』と同じくジュバニッチ監督の平和を希求する思いが存分に描かれている。感動的なのだ！

ユーゴスラビアのチトー大統領は「差別や貧富の差の無い世界」を目指し、多民族・多宗教地域を四半世紀以上もまとめた。しかし、偉大な指導者の亡き後、ユーゴスラビアでは諸民族の分裂が起こり、凄惨な悲劇が生まれてしまった。

ユーゴスラビア紛争は当初、過激な民族主義（大セルビア主義）を唱えるセルビア人に対して、スロベニア人やクロアチア人が民族自決を要求し、その後は（セルビア人主体の）旧ユーゴスラビア政府に抵抗するボスニアやコソボのムスリムが「民族浄化」の犠牲になったという説がある。ジュバニッチ監督もこの視点に立っている。

だが、これに懐疑的だったのが、講談社ノンフィクション賞・新潮ドキュメント賞をダブル受賞した高木徹氏の『ドキュメント　戦争広告代理店　情報操作とボスニア紛争』（講談社文庫）である。本書で高木氏は、セルビア人を加害者、ボスニア人を被害者とする内戦の構図が生まれた背景には、アメリカの凄腕ＰＲマンの情報操作があったことを説得力をもって示したのだ。是非一読願いたい。

戦争を善玉・悪玉の二元論として簡単に図式化することは難しいことも事実なのだ！

（２０２１年11月号）

アメリカ映画
『モーリタニアン 黒塗りの記録』
原題『The Mauritanian』2021
2021 年製作
129 分

「殺人やレイプの罪に問われた人を弁護しても『あなたもやったのか』とは聞かれない。だがテロ容疑者を弁護すると人々は言う。『あなたはテロの支持者か』と」

——ナンシー・ホランダー

監督	ケヴィン・マクドナルド
脚本	M・B・トラーヴェン
製作	アダム・アクランド
音楽	トム・ホッジ
出演	ジョディ・フォスター
	タハール・ラヒム
	シェイリーン・ウッドリー

9・11テロの後、復讐心に駆られ常軌を逸したブッシュ・ジュニア政権は、グァンタナモ米軍基地に設置されている収容所内で、人権無視、なんでもありの拷問を行った。拷問を受けたのは、アフガニスタン紛争およびイラク戦争でテロへの関与や情報を持っていると疑われた多くの人々だ。彼らは逮捕ないし強制的に収容所へ連行され、拘束された。この拘束は法の適正プロセスを規定したアメリカ合衆国憲法修正第5条や修正第14条に違反する違法な行為だ。

収容者に対して行われた拷問の数々は、これが文明国のやることとか、アメリカにはチャイナやロシアの非人道的行いを批判する資格はない、と思うほどの残忍さだ！

ただ僕は、アメリカについて、人工国家であり、衆愚主義やキリスト教原理主義が支配し、それを世界に押し付ける警察国家だというイメージには与しない。

アメリカには矛盾や不条理と戦う知識人や政治勢力が必ず存在する。どんなにむごたらしい現実にぶつかっても、その現実を是正しようと行動する人々がいる。残念ながら、チャイナやロシアにおいて、不条理や矛盾を是正しようとする戦いは、必ず粉砕される運命にある。

社会の矛盾や不条理が是正されていく過程では、新陳代謝的反作用が起きる。それが国を強くする。これこそがアメリカの〈底力〉なのだ。だから僕はアメリカを信じている。

本作のヒロインである弁護士のナンシー・ホランダーは、9・11テロの首謀者の一人としてグァンタナモ米軍基地内の収容所に拘束されていたモーリタニア人のモハメドゥ・ウルド・スラヒの弁護を引き受ける。スラヒは拷問を受け、起訴されることもなく長期間にわたって拘束されていた。物語は、ナンシー・ホランダーやスラヒの起訴を要請された海兵隊検事のスチュアート・カウチ中佐を中心に展開していく。

ナンシー・ホランダーを演じるジョディ・フォスターは、映画『タクシー・ドライバー』での天才的演技の早熟から出世街道を爆進したが、ここ10年は鼻につく演技が目立ち、僕はやや辟易気味だった。しかし、本作での彼女の演技はこれまでで最高のものだった。惹きつけられたし、魅せられた。彼女が体現するアメリカの正義に拍手喝采だ。

検事のスチュアート・カウチ中佐役を演じた最近人気上昇中のベネディクト・カンバーバッチも、抑制された演技で〈良心〉をよく表している。スラヒに扮したタハール・ラヒムの演技もこれまた最高だ！

ジョディ・フォスターは本作について、「世界の人々、そしてアメリカ人にとっても、人間の精神の適応力を見せてくれます。私たちは、人間性でもって、残酷さや非人道的行為と戦い、乗り越えていくことができる。剣を持ち出す必要はありません。不正に対する最高の治療薬は、公正な世界です」と語っている。

体制に批判的な映画が、妨害されずに堂々と上映されるアメリカを褒めたい。これこそがアメリカだ！

親米派が〈アメリカにおんぶにだっこのポチ保守〉と罵られても、アメリカを信頼するのは、本作に描かれているようなアメリカの正義感を信じているからだ。チャイナやロシアといった国々には決してマネすることのできない正義感だ。

（２０２２年１月号）

アメリカ映画
『ナワリヌイ』
原題『Navalny』
サンダンス映画祭観客賞
2022 年製作
98 分

「われわれロシアは平和な国でありたいと思っているが、
今やそのように言う人は少ないだろう」
——アレクセイ・ナワリヌイ

監督	ダニエル・ロアー
脚本	
製作	オデッサ・レイ
音楽	マリウス・デ・ヴリーズ
出演	アレクセイ・ナワリヌイ
	ユリア・ナワルナヤ
	マリア・ペフチフ

ロシアによるウクライナ侵攻後、日本国内に陰謀論が渦巻いている。暴虐の最高指導者であるロシアのプーチン大統領に同情する、という信じられないものだ。この陰謀論は日本の保守層を蝕んでいる。

インチキ保守、政治屋、元外交官のオカルトどもがこの陰謀論を吹聴し、日本人から冷静な正義感を失わせているようだ。地政学などという前近代的な思考と国益が絡み合い、迷走している。日本人がこの陰謀論に溺れていくさまをこの目で毎日見ていると、怒りに打ち震える。

ドイツで行われたG７サミットではウクライナ情勢をめぐって、自由主義国の各国首脳間でウクライナの自由を守り抜くという姿勢が示された。一方、日本では、親ロシア・プーチン贔屓の陣営がいわゆる陰謀論的にディープステイト論を振り回し、〈国際正義〉という観点からほど遠い〈地政学論〉から、「ウクライナがネオナチに蝕まれている」などというプーチンの滑稽かつ荒唐無稽な論議を真顔で肯っている。こうした根拠のない出鱈目な空想論が日本社会の中に出回っている事実には驚くしかない。

さて今回の作品『ナワリヌイ』の公開は、誠に時宜を得たものだ。本作の主人公アレクセイ・ナワリヌイはロシア人の弁護士で、プーチン政権への批判で国内外から注目を集める政治活動家だ。

2007年にロシアの民主主義政党「ヤブロコ」を離れたナワリヌイは、個人で政治活動を始め、政府系企業の不正や国家予算の不適切使用などを追及していく。2011年のロシア下院選挙に絡み、オンライン上で大規模デモへの参加を呼びかけ、自らもデモに参加して逮捕される。若年層を中心とする反体制派から支持を集めるナワリヌイは、2013年にはロシア市長選挙に出馬し、健闘する。

だが、選挙に不正があったと訴えるナワリヌイは、やがて政権にとって最大の敵と見なされていき、当局による不当逮捕が繰り返され、巨大な力に追い詰められていく。

そして2020年8月、ナワリヌイは移動中の飛行機内で何者かに毒物を盛られ、昏睡状態に陥る。ベルリンの病院で治療を受けて奇跡的に一命を取り留めたナワリヌイは、自ら調査チームを結成して毒殺未遂事件の真相究明に乗り出す。

本作は、ナワリヌイが毒殺未遂から回復し、祖国ロシア解放ために命懸けでロシアに戻り、当局に拘束されるまでを克明に追ったドキュメンタリー映画である。アメリカ人のダニエル・ロアーが監督を務め、毒殺未遂の直後からナワリヌイや家族、調査チームに密着する。ナワリヌイが、巧みな手法で毒殺未遂事件の背後にいる勢力を暴き出していくさまや、ロシア政府の暗部に切り込んでいくさまを見事に捉えている。

作中に、ナワリヌイがロシアのために、命を懸けて政治活動家として生きる覚悟を語る場面がある。ロシア人には珍しいユーモアに溢れた語り口と、その正義感には心を揺さぶられる思いだ。ロシアに戻れば殺されてしまうかもしれないのに、愛妻とともに堂々とロシアに戻るナワリヌイの姿、善人は何も言わずに圧政者を見過ごすが、それではダメだと説くナワリヌイの姿は輝いている。

アレクセイ・ナワリヌイがロシア政府と闘う姿は、さながら現代に蘇ったパトリック・ヘンリーのようだ。〈自由を与えよ。然らずんば死を〉というパトリック・ヘンリーが残した言葉を実践する自由の闘士だ。ロシアによるウクライナへの侵略戦争の最中にある今こそ、ナワリヌイが闘う姿を観ることをお薦めする。

一部では、プーチン後のロシアの指導者として、ナワリヌイの名前が囁かれている。毒物による暗殺未遂で死の淵を彷徨《さまよ》いながら奇跡的な生還を果たし、自らの命を捨てる覚悟で祖国に戻り、そして拘束された自由の闘士。まさにロシアの新たな指導者に相応しい存在だ。

（２０２２年８月号）

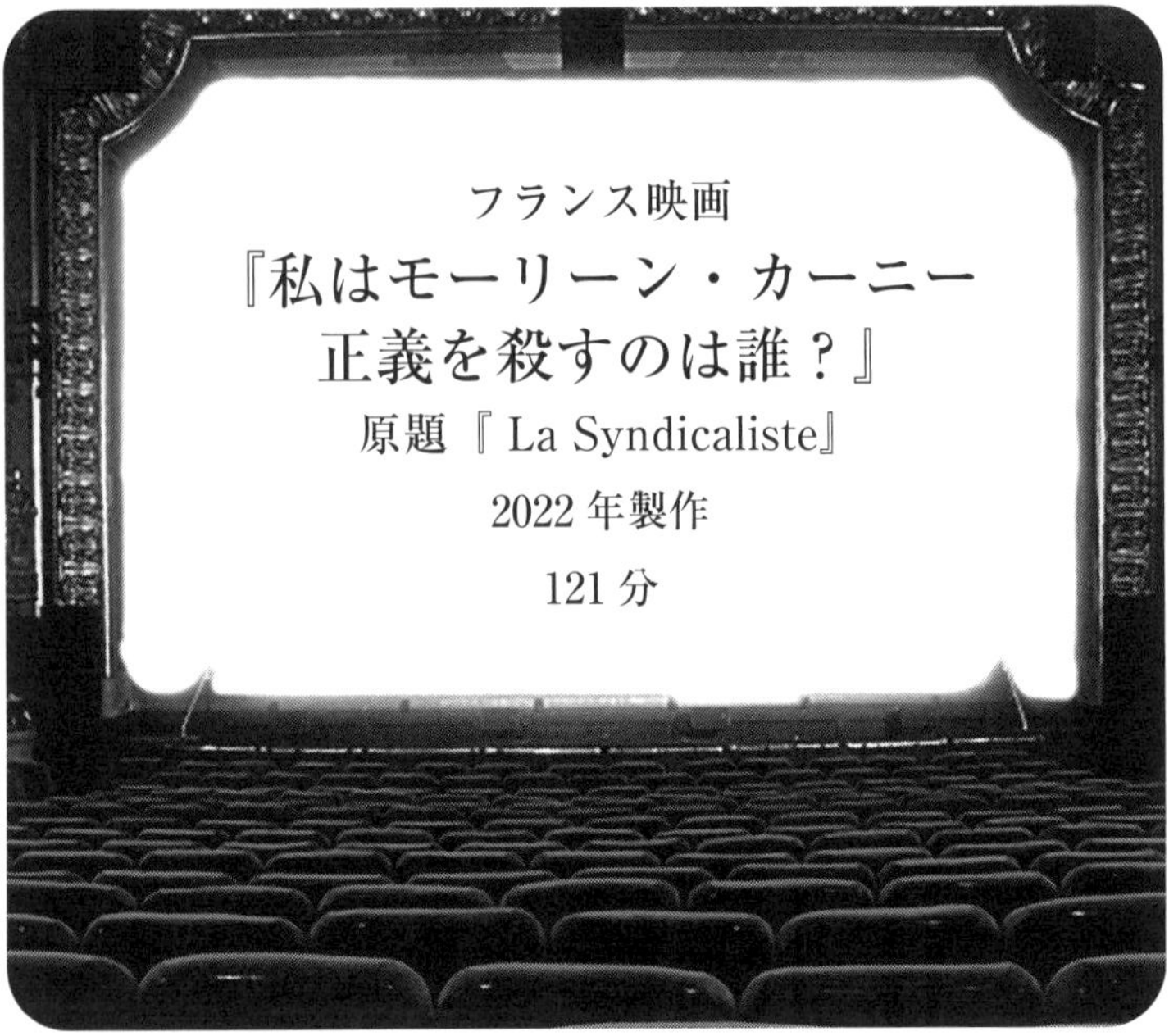
フランス映画
『私はモーリーン・カーニー
正義を殺すのは誰？』
原題『La Syndicaliste』
2022年製作
121分

「容赦ない暴力と権力の中枢にある闇の真相より、一人の人間であり、女性であるモーリーンが内面に得た傷、彼女の家族が直面したこと、そして最悪の状況からなぜ彼女は立ち直ることができたのかを描くことに、重きを置いた」

——ジャン＝ポール・サロメ監督

監督	ジャン＝ポール・サロメ
脚本	ジャン＝ポール・サロメ
製作	ベルトラン・フェブル
音楽	ブリュノ・クーレ
出演	イザベル・ユペール
	グレゴリー・ガドゥボワ
	フランソワ＝グザビエ・ドゥメゾン

この映画は、労働組合の代表を務める一人の女性がフランスの国家的スキャンダルに巻き込まれた衝撃の実話を描いた社会派サスペンスである。フランスではその名の通り『LA SYNDICALISTE』（組合活動家）というタイトルで２０２２年に公開されて大ヒット、日本国内でも『私はモーリーン・カーニー　誰が正義を殺すのか？』という邦題で２０２３年10月より公開された。

日本の労働組合運動とは異なり、フランスのサンディカリズム（労働組合主義）では、労働者や組合の代表者が経営にも参画する。実話の当事者であり、本作の主人公でもあるモーリーン・カーニーもそんなサンディカリストの一人だった。

モーリーンはフランスの総合原子力企業アレバ（現オラノ）社のCFDT（フランス民主労働組合連盟）代表を務めていた。２０１１年、彼女はアレバ社がフランス最大の電力企業EDF（フランス電力）と結託して、中国企業（中国総合原子力発電公司：CGNPC）に対して機密性の高い技術を移転しようとしていることを知る。モーリーンは会社の未来と従業員5万人の雇用を守るため内部告発を行ったが、企業側はその事実を否定する一方、彼女の周囲では脅迫や嫌がらせが始まる。

そして２０１２年12月17日、モーリーンは自宅で何者かに襲撃され、性的暴行をうける（被害の実態はここに明記するのが憚られるほど酷い）。彼女は警察に被害を訴え出るが、驚くべきことに自作自演を疑われて自白を強要され、逆に虚偽告発の罪で有罪判決をうけてしまう。その背景には、アレバ社やEDFのCEO、当時の経済大臣アルノー・モンテブールが関わる〈国家の闇〉があったとされている。

性的暴行と冤罪によって二重の被害をうけたモーリーンは鬱病を患ってしまう。だが、それでも彼女は2018年に新たな訴状を提出、CFDT組合員や世論を味方につけて捜査上の不備を指摘し、ついに無罪と真実を勝ち取った――。

しかし、こうして事実関係を書いている今でも、これが実話だとはとても信じられない！

世界で最も個人の自由や権利を尊重するフランスで、国家権力や企業がこれほど卑劣な手段によって一人の女性の自由や権利を踏みにじり、その尊厳を木っ端微塵に粉砕しようとするとは！

さらに一人の女性がこれだけ残酷な暴力や強大な権力に屈することなく6年間も戦い続け、ついに勝利を手に入れるとは！

いや、むしろ自由や権利を求めて戦い続けるモーリーンこそが、伝統的なフランスの闘士を体現しているのかもしれない！

いずれにせよ、まさに「事実は小説より奇なり」である。

この小説より奇なる実話を世の中に広く伝えたのは、警察も見つけられなかった事実を探し出してモーリーンを無罪に導いたフランス雑誌『L' Obs』の女性記者カロリーヌ・ミシェル＝アギーレの著書『LA SYNDICALISTE』である。そして、この実話を同名のタイトルで映画化したのが、本書に出会った脚本家のジャン＝ポール・サロメ監督なのである。

主人公のモーリーンを演じたのは、フランスを代表するベテラン俳優のイザベル・ユペール。サロメとユペールは『ゴッドマザー』（2021年）でも監督と主演女優としてタッグを組んでいる。

齢70に達しながらも、生々しい女性の魅力を表現するユペールの妖艶な演技は圧巻だ。モーリーンが有罪判決をうける〈絶望〉と逆転勝訴を勝ち取る〈希望〉のコントラストを見事に伝えるユペールの演技力は「素晴らしい！」の一言だ。

制作チームは、モーリーン本人に脚本を提出して彼女の納得がいくまでやり取りし、承諾を得た後に撮影に入ったという。映画鑑賞後、観客は現実に起きたことの重さに押し潰されそうになるが、「現実は映画よりもっと酷かった」というモーリーンの一言はさらに重い。

（2023年2月号）

アメリカ映画
『オッペンハイマー』
原題『Oppenheimer』
第96回アカデミー賞作品賞
2023年製作
180分

「彼は……敵国に先を越されないよう兵器を開発しなければならない状況で、ジレンマを抱えていました。先見性のある、知的で非常に優秀な科学者だからこそ、自分のしたことがもたらすネガティブな結果も承知の上であのような道を進まなければならなかった」――クリストファー・ノーラン監督

監督	クリストファー・ノーラン
脚本	クリストファー・ノーラン
製作	クリストファー・ノーラン
音楽	ルドウィグ・ゴランソン
出演	キリアン・マーフィ
	エミリー・ブラント
	マット・デイモン

「原爆の父」として知られる物理学者ロバート・オッペンハイマーの生涯を描いた伝記映画だ。世界で最も有名なヒットメーカーであるクリストファー・ノーラン監督が伝記『オッペンハイマー「原爆の父」と呼ばれた男の栄光と悲劇』（カイ・バード、マーティン・J・シャーウィン著）を原作に、監督・脚本・共同製作を務め、約1億ドルの製作費を投じた3時間の大作である。本年度アカデミー賞で作品賞、撮影賞、編集賞、作曲賞など最多7部門に輝いた。まさに文句なしの名作だ！

物語は、オッペンハイマーが赤狩りでソ連のスパイ疑惑を追及される戦後の時代と、オッペンハイマーが天才科学者として「マンハッタン計画」に参加し、原爆を開発していく戦前の時代が時系列的に交錯する形で展開していく。その斬新なスピード感とサントラ効果により、圧倒的な迫力が生み出されている。

そんな本作は第二次世界大戦の決定的瞬間を描いた歴史ドラマの側面、そして赤狩りの公聴会を描いた裁判劇の側面、さらには主人公が「womanizer」（無類の女好き）である恋愛ドラマの側面が含まれる、まさに総合的・多面的なエンターテイメント作品に仕上がっている。

僕にとって最も印象的だったのは、オッペンハイマーが自らの手で原爆を開発したことに対する人道的な罪悪感と、ナチスドイツより先に原爆を開発しなければならないという歴史的な使命感の狭間で、忸怩たるジレンマを抱えていたことだ。その苦しみは、「後悔はしていない。ただそれは申し訳ないと思っていないわけではない」という彼の言葉に象徴されている。オッペンハイマーはホワイトハウスでトルーマン大統領と初めて面会した際、「大統領、私は自分の手が血塗られているように感じます」と語り、トルーマンの怒りを買って「泣き虫」と罵られ、お互いに二度と会うことはなかった。

被爆国・日本では海外より8か月遅れて公開されたが、本邦公開にあたり、NHKがノーラン監督にインタビューを行った。ここでは周知の核兵器論を繰り返すより、現代の巨匠である監督の映画論を紹介したい。

「これらの経験（子どもの時に映画館に行った経験）は、映画のスクリーンが特定の世界への窓となり、どこにでも連れて行ってくれるという感覚を与えてくれたと思います」

これは、映画館の大スクリーンで映画を観るとは、「旅に出掛ける体験である」という、僕が私淑した故桜井修氏の言葉と重なり合う。

「映画は夢と非常に密接な関係があると考えています。映画がうまく機能していれば、私たちは夢のような状態に置かれ、別の現実に生きているように感じます（中略）映画は、自分自身を見失い、観客と一緒に物語を語り、その物語の世界に没頭できる媒体だと思います」

監督は自らの意識・無意識を観客の心に響くよう変換してくれる映画という媒体を信頼しているのだ。

「観客は映画の世界をまず感情的な方法で受け取ると思います。あまり知的に観客を引きつけようとすると、観客はその体験に没頭できなくなると思うのです。なので私は映画を通して特定のメッセージを伝えようとは思いません。映画製作者としては、何よりもまず、観客に感情的な体験、感情的な反応を生み出すことを目指しています。そして、その体験から生まれる知的な疑問が、その体験をより豊かにしてくれると考えています」

こうした考えから、本作で原爆投下の場面や21万人以上が犠牲となった惨禍が描かれていない点については、「映画をどう見てほしいか明言したくない」として明言を避けた。しかし、このことを以て「監督は無責任だ」と批判すべきではない。

本作を観て、被爆国・日本の観客がどういう感情的な体験を得、どういう知的な疑問を得るかは、我々に委ねられているのである。

（２０２４年５月号）

第2章　正義か、それとも偽善か

ロシア映画
『十二人の怒れる男』
原題『12』
ベルリン国際映画祭金熊賞
2007 年製作
159 分

「人間は思っていることを口にしないと、それが心の内側に
沈潜してやがて爆発してしまう、ということをいいたかった。
……ロシア人という民族の性格として大きな特徴は、
苦悩というものに対する同情の念だ」
——ニキータ・ミハイルコフ監督

監督	ニキータ・ミハルコフ
脚本	ニキータ・ミハルコフ
製作	ニキータ・ミハルコフ
音楽	エドゥアルド・アルテミエフ
出演	セルゲイ・マコヴェツキー
	ニキータ・ミハルコフ
	セルゲイ・ガルマッシュ

本作『十二人の怒れる男』は、１９５７年のアメリカ映画『12 Angry Men』をロシアの巨匠ニキータ・セルゲイビッチ・ミハルコフ監督がリメイクした作品である。

アメリカの陪審制度では多数決ではなく、陪審員全員一致での評決が求められる。アメリカ版の原作では、スラムに住む18歳の少年が、「父親をナイフで刺し殺した」として第１級殺人罪で死刑に問われる。陪審員たちは法廷での証拠や証言から当然有罪（死刑）だと解釈していた。しかし、ヘンリー・フォンダ演じる陪審員が「一人の少年の生死を左右する裁判であり、疑わしい点を一つ一つ詰めていくべきだ」と主張したことによって、偏見に満ちた思い込みの判断をしていた他の11人の陪審員が徐々に有罪に疑いを持っていく過程を描いたものである。そこにはアメリカの実証主義・合理主義が根底に流れており、それらに基づくアメリカ的市民道徳性が確固たるものとしてあった。

一方、ロシア版の本作は、ヘンリー・フォンダのような役割の人間が、同じように一人の少年を一生獄に繋ぐことになる評決を慎重に行うべきであるという導入部は同じだが、アメリカ版の実証主義的観点よりも、むしろこの陪審を通じての12人のそれぞれの人種・宗教・生い立ち・職業などが炸裂していくところに面白さがある。この映画のリメイクは、すでに時代的役割を終えたアメリカ版の原作を超越した面白さと政治的意図がある。

ミハルコフ監督はソ連時代から続く「体制派芸術家」の一族に属する。ミハイルコフ家は父親のセルゲイ・ミハルコフがソヴィエト国歌およびロシア国歌を作詞した作家、母親が詩人、兄のアンドレイ・ミハルコフ＝ゴンチャロフスキーも映画監督、という芸術一家だ。子供の頃からモスクワ芸術座で演技を学び、俳優として活動していたが、全ロシア映画大学に入り、68年に初めての短編映画を監督。『愛の奴隷』（76年）、『機械じかけのピアノのための未完成の戯曲』（77年）、『オブローモフの生涯より』（79年）、『黒い瞳』（87年）、『太陽に灼かれて』（94年）、『シベリアの理髪師』（98年）などの名作で知られる。

僕自身、この監督の映画は数本しか観ていないが、とにかくロシアの国民性なのか、言葉や会話に重点が置かれている。僕が商社マンの時代にはソ連通としてロシア全土を飛び回ったが、商談でも独特の会話があり、時にはロシアン・ジョークが混ざり、すべてビジネスライクに「Make Money」を共通語として端的に素早く商談が行われるアメリカとは異なり、まことにくたびれる国柄である。食事の際にもウオッカとともに話し役が回って行くもので、耳栓と作り笑いの世界となることとしばしばである。この映画も同様に3時間近く、時には居眠りを誘うような冗長な話を、陪審員全員12人がそれぞれ話すのである。

チェチェン紛争を背景に、12人の陪審員はそれぞれユダヤ人、カフカス出身の医師、人種差別主義者のタクシー運転手、ハーバードMBA出身のマスコミ経営者、元将校の芸術家、墓地成金、建築家などで、各自の自己体験や感情論のもとに彼らの判断が無罪に変遷していくところが実証主義のアメリカ版と大きく異なる。

ミハルコフ監督は「政治色」の濃い監督であり、反米ロシア民族主義者（映画でハーバード出身の実業家を虚仮にしきっている）であり、ロシア正教会の信仰者である。セルビアでは大セルビア主義を支持し、ユーゴスラビア崩壊の過程92～99年に起こったセルビアの戦争犯罪を否定する。プーチンの熱烈な支持者であり、プーチン3選を支持し、公開状を提出したほどである。この裁判劇にはチェチェン紛争が背景にあり、通常ならロシアにとって触れられたくない問題にあえて触れているのは監督とプーチンの絆ともいえる。実際、プーチンはこの映画を絶賛したという。

北京五輪の最中にグルジアに侵攻したロシアの前近代的帝国主義、それはまさにプーチン雷帝の好戦主義である。チェチェンや少数民族をロシア領内に抱え、一方ではグルジア、ウクライナなど再度ロシア帝国への取り込みを目論むプーチン帝国は、この映画でもチェチェンに対する慈愛を、少年に対する慈愛と正義をロシア人が施すことを訴えることで、少数民族との帝国での融和主義を謳っているのである。

ラストシーンで、無罪を言い出した最初の陪審員が正教会のマリア像に感謝し、そのブロマイドをポケットに入れ、部屋の中の鳥を「残るのもよし、飛び立つのもよし」として放つ場面があるが、まさに偽善と欺瞞の極みである。

（２００８年10月号）

アメリカ映画
『ハート・ロッカー』
原題『The Hurt Locker』
第82回アカデミー賞作品賞他
2008年製作
131分

饒舌ではない無言の男の世界！
これこそ男の美学なんだ！

監督	キャスリン・ビグロー
脚本	アンソニー・マクカーテン
製作	キャスリン・ビグロー
音楽	マルコ・ベルトラミ
出演	ジェレミー・レナー
	アンソニー・マッキー
	ブライアン・ジェラティ

本作は第82回アカデミー賞で９部門にノミネートされ、作品賞、監督賞、オリジナル脚本賞、編集賞、音響効果賞、録音賞の６部門で受賞した。本年度のアカデミー賞では、３Ｄ映画『アバター』が作品賞も含めて大量の賞を総ざらいにするというのが大方の予想だったが、同作を通じてアメリカの歴史的な覇権主義・好戦主義を揶揄するカナダ人監督ジェームズ・キャメロンの意図にハリウッドが拒否反応を示したのか、同作はマイナーともいえる三部門受賞に留まった。皮肉なのは、本作『ハート・ロッカー』の監督キャスリン・ビグローがキャメロンの元妻であることだ。

さて、本作のタイトルである「ハート・ロッカー」は、アメリカの俗語に由来する。「『ハートロッカーに入れる』とは、誰かに耐えがたい肉体的・精神的苦痛を与える状況を意味する」("putting them in the Hurt Locker" means to cause someone physical or mental suffering.)。特に兵隊用語では、「苦痛の極限地帯」「棺桶」の意味に用いられる。

原作はジャーナリストであるクリス・ヘッジがイラク戦争におけるアメリカ軍の爆発物処理班の姿を描いた『戦争の甘い誘惑』(War Is The Force That Gives Us Meaning：戦争は我々に意味を与える力である) だ。映画の冒頭では、"The rush of battle is a potent and often lethal addiction, for war is a drug." (戦闘の興奮は強力であり、しばしば致命的な中毒症状を引き起こす。戦争は麻薬なのだ) という字幕が現れる。

舞台は2004年のイラク・バグダッド郊外。仕掛けられた爆弾の解体、爆破の作業を淡々と進めるアメリカ軍の爆発物処理班だが、無事に任務を終えて退避しようとした時、テロリストによる遠隔操作で突如爆弾が爆発、殉職した隊員に代わって、新たな〝命知らず〟が赴任する――。

全編、爆発物処理の手に汗を握る場面が中心であり、アカデミー賞に有りがちなストーリー・テラー性はあまりなく、地道な心理描写や隊員間の確執、それに時たま人間愛が描かれている。

かつてのベトナム戦争を巡っての、オリバー・ストーンのベトナム戦争三部作などのような、戦争のために犠牲にされるアメリカ青年を描いたり、戦争の極限状態の善人の残虐性について描かれる反戦映画とは全く質が異なるのである。

むしろジェレミー・レナー演じる主人公のウィリアム・ジェームズ二等軍曹は、西部開拓時代の「男の世界」を彷彿させる、危険を厭わず、むしろそのスリルを味わう「リスク・ラヴァー」としての自信に満ち、プロ根性に徹した男として描かれる。

ジェームズ二等軍曹は自ら最も危険な職務を買って出る。「死ぬときくらい楽な服装で作業をしたい」などと、爆弾処理の最中に防爆服を脱いでしまうこともある。大活躍の爆弾処理に司令官が絶賛し、「それだけの爆弾を解体する秘訣は何なんだ？」と聞かれて

「死ぬのが怖いからなんだ」と答える。そんな命知らずの男でも子供好きであり、イラクの少年を可愛がる。

ある時、「人間爆弾」として爆弾を埋め込まれた死体が一緒に遊んだ少年のものに違いないと、身体ごと爆破してしまう爆発物処理の作業を途中でやめ、内臓をほじくり返して爆弾を撤去し、その少年の亡骸を抱いて帰るなど、まるで往年の西部劇の哀愁に満ちた男の姿と重なり合う。

無言の男の優しさは、砂漠から自宅の妻に電話するが、その声を聞いて電話を切る一面に表れている。饒舌は妻の不必要な心配を招くだけだから。

本作は戦争の悲劇やイラク戦争の是非を描いたものではなく、男が黙々とプロ根性で仕事をこなす、いわば男のダンディズムを描いているのである。喧嘩も滅法強い、このジェームズ二等軍曹は、まさに機動性と弾力性のある軍人の鑑といえる。偽善が無い、むしろ偽悪的な生きざまに、日本の任侠道の魅力すら感じてしまう。

そんな演技をする主演のジェレミー・レナーは主演男優賞候補こそ落としたが、劇中人物の性格を巧みに演じており、個性のある役を得意とする「性格俳優」として将来が楽しみである。

（2010年6月号）

アメリカ映画
『ソーシャル・ネットワーク』
原題『The Social Network』
第83回アカデミー賞脚色賞他
2010年製作
120分

目的・手段とも倫理感・正義感に欠ける
吐き気を催す現在のアメリカン・ドリーム

監督	デヴィッド・フィンチャー
脚本	アーロン・ソーキン
製作	スコット・ルーディン
音楽	トレント・レズナー
出演	ジェシー・アイゼンバーグ
	アンドリュー・ガーフィールド
	ジャスティン・ティンバーレイク

アメリカン・ドリームといえば、まさにヨーロッパに比べて、出自や身分が固定的要素とならない野心家たちが、18世紀のアメリカ黎明期において、大志を抱き、情熱を燃やして金鉱や石油など地下資源を掘り当て、巨万の富を築き上げたことから始まる。それはジョン・ロックが不可侵の権利として挙げた「生命、自由、財産をめぐる権利」という言葉を、トマス・ジェファーソンが独立宣言書で「生命、自由、幸福の追求の権利」に書き換えたことにより、勤勉と努力によって夢を勝ち取るという行為に価値が付与されたもので、アメリカ社会の原動力となってきた。

「帝国の進路は西を目指しゆく」「若人よ、西部を目指せ」という西部開拓時代の理念は、白人ならば誰にでも土地所有の夢を実現させる反面、原住民、そして帝国主義時代には隣国へ惨禍をもたらした。まさにアメリカン・ドリームの欺瞞性がここにある。

アメリカ映画の特色として、このような夢を描く作品が過去から現在まで続いている。本作もある意味で「現代のアメリカン・ドリーム」ともいえる、フェイスブックの創業者マーク・ザッカーバーグをモデルにした映画である。彼は２０１０年、米フォーブス誌が発表した「世界で最も若い10人の億万長者」の第1位に当時25歳の最年少でランクインし、タイム誌の「Person Of The Year」にも選ばれた。推定総資産額は約40億ドル。

本作では、主人公のザッカーバーグはユダヤ人であり、「目的のためには、法律に反しない限り何をしてもいい」と考える傲岸不遜な人物、歪な性格の持ち主として描かれる。頭の悪い奴は相手にせず、騙される奴のほうが悪いという考えであり、友人は単なる道具、女性も単なる性処理の道具として扱うという、まさに神を畏れぬ半生である。

そもそもフェイスブックの開発は、ザッカーバーグがハーヴァード大学時代に自分のガールフレンドを馬鹿呼ばわりして振られ、その復讐として自分のブログに彼女の悪口を書きまくるところから始まるのである。まさに品性下劣とはこのことである。

その次に、ザッカーバーグはハッキングで女子学生たちの身分証明写真を入手してインターネット上に公開し、その顔を比べて勝ち抜き投票させる「フェイスマッシュ」というゲームを考案する。これが大学内で問題になり、謹慎処分となった。

フェイスブックは「本名で登録」「基本的に公開」「タグやコメントで写真共有」「気軽にコメントが書ける」という機能性から、自分の存在をアピールすると同時に、他人のプライベートな情報を誰もが入手することができるという、露骨な自己顕示欲を示す機会になっている。その反面、実生活において「債権者に監視される」「保険会社に支払いを拒まれる」「離婚の際に不利になる」「鬱になりやすい」「就職に支障を来す」「家族に秘密がばれる」など、当然の報いとして天罰が下される機会にもなっている。

こんなフェイスブックは、２０１０年８月現在、「全世界ユーザー数：５億人」「携帯からのアクセスユーザー：１億５０００万人」「アメリカでの浸透率：70％」「２０１０年売上予測：１３００億円（米ドルを円で概算）」「対応言語：70言語」「平均滞在時間：１日に55分」「平均の友人数：１３０人」というから驚嘆である。

まさにこれこそ社会生活にとって無くても済む、それどころか社会道徳を混乱・堕落させるものを金儲けのために創造するビジネスモデルの悪の行き着く先といえる。目的からして倫理性はない、加えて目的のための手段もおよそ人間社会のルールより反するものである。

映画では、ザッカーバーグが裏切った仲間から巨大な訴訟を起こされて、その示談会議でのやり取りをしながら、学生時代の記憶がフラッシュバックして当時の出来事を再現するという手法が取られている。美徳ある日本人からは吐き気を催す世界であり、法に違反しなければ何をやっても良いという世界である。日本にもそういう起業家の類が存在する。

映画として公平に評価すると、監督はあの『セブン』（１９９５）、『ベンジャミン・バトン　数奇な人生』（２００８）などの秀逸な作品で知られるデヴィッド・フィンチャーであり、本作も見事な筋運びでスクリーンに釘つけとなる。すでにゴールデン・グローブ作品賞・監督賞・脚本賞・音楽賞を受賞したが、かなりの数のオスカーを獲得するのではないかと睨んでいる。

（２０１１年３月号）

フランス・ドイツ・ポーランド・スペイン合作映画
『おとなのけんか』
原題『Carnage』
第68回ヴェネツィア国際映画祭金若獅子賞
2011年製作
80分

完膚なまでのアメリカ社会風刺批判コメディの痛快さ

監督	ロマン・ポランスキー
脚本	ヤスミナ・レザ
製作	サイード・ベン・サイード
音楽	アレクサンドル・デスプラ
出演	ジョディ・フォスター
	ケイト・ウィンスレット
	クリストフ・ヴァルツ

ポーランドの巨匠ロマン・ポランスキー監督が、これまでの作品とは趣を異にする演出をほどこした異色作品が公開された。原作はヤスミナ・レザによる戯曲『大人は、かく戦えり』だ。主な登場人物は4人だけであり、場面は自宅とエレベーター・ホールを中心に描かれるという舞台劇を映画化した作品だ。

出演する俳優は演技派として名高いジョディ・フォスター（ペネロピ・ロングストリート役、作家）、ジョン・C・ライリー（ペネロピの夫マイケル・ロングストリート役、金物商を営む）ケイト・ウィンスレット（ナンシー・カウワン役、投資ブローカー）、クリストフ・ヴァルツ（ナンシーの夫アラン・カウワン役、弁護士）、彼ら4人の俳優が二組の夫婦として登場する。

映画の冒頭では、子どもの同士が講演で喧嘩する様子が描かれている。この喧嘩をきっかけに、子どもたちの親である二組の夫婦の物語が進んでいく。

カウワン夫妻の子どもザッカリーがロングストリート夫妻の子どもイーサンを殴ってケガをさせてしまう。カウワン夫妻は謝罪のためにロングストリート夫妻の自宅を訪問する。子どもがケガをさせてしまったことを心から詫びている様子の加害者側の親であるナンシー、被害者側の親であるマイケルも終始冷静かつ紳士的な振る舞いをみせる。二組の夫婦の話し合いは和やかに進み、子ども同士の喧嘩は円満に解決する気配を見せていた。しかし、和やかな雰囲気を切り裂くかのように、弁護士であるアランの携帯電話が鳴り響いた。アランとクライアントとの電話は周囲に丸聞こえで、権謀術数を駆使するアランの指示は、和やかな雰囲気を壊し、話し合いの前途に暗雲が垂れこめる。

本来は対話によって解決すべきことを、アメリカでは往々にして訴訟という手段を用いて解決しようとする。もしかしたら、上辺だけを取り繕って話し合いで物事を解決することは、社会の成立には不可欠なのかもしれない。しかし、話し合いの均衡が崩れてあらぬ方向へ進んで行った時、話し合いは果てのない泥仕合となり、人間の本性である心に潜む悪魔をたたき起こすという結果に終わる。

一旦心の中に潜む悪魔が目覚めると、人間は隣人愛どころか礼儀すら失くしてしまう。我欲と自己愛だけに支配されてしまう。それは燎原の火のごとく広がっていき、夫婦の絆まで破壊してしまうのである。

本作の鍵となるのは携帯電話だ。弁護士のアランにクライアントからかかってくる電話の内容は、醜悪な訴訟社会であるアメリカ社会を象徴している。一方、金物屋のマイケルにかかってくる電話の内容は、別居の老いた母親からの愚痴で、庶民の暮らしを象徴している。２台の携帯電話は、二組の夫婦の埋めがたい階級差を表している。それぞれの携帯電話が鳴る間合いの悪さの応酬であり、メリハリの利いた演出だ。

劇場中にペネロピがアフリカでの不正に上からの目線で怒るシーンがある。ここでは、アメリカによる民主主義の押し付けが表現されている。また、ナンシーはペネロピの限定版で絶版の画集を汚しても大して気にしないが、自分のハンドバッグを放り投げられ、散乱する化粧道具を見ながら激しく怒る姿からは、虚飾に満ちたアメリカ社会を感じさせる。他にも無学の夫を軽蔑する妻の存在などを露骨に描き出す本作の面白さは尽きることがない。

ロマン・ポランスキー監督の母はアウシュビッツで虐殺され、父は強制労働で辛うじて生き残っている。彼自身は、両親が収容される前にゲットーの鉄条網を切って逃れた過去を持つ。

アメリカで少女への性的行為で有罪判決（本人は冤罪を主張）を下されており、アメリカに入国すれば直ちに収監される身である。そのため『戦場のピアニスト』（2002）でアカデミー賞監督賞を受賞した際も授賞式には出席しなかった。2009年にはスイスで身柄を拘束されたが、アメリカへは引き渡されずに釈放された。

ポランスキー監督は、アメリカに対する怨み骨髄の感情を、アメリカ社会が抱える問題を突くことで笑いで表現したのだ。本作は観客を爆笑へと誘う。その笑いの源泉は、アメリカ社会の偽善や矛盾、人間の悪にある。

（2012年4月号）

イラン映画
『別離』
原題『A Separation』
第61回ベルリン国際映画祭金熊賞
2011年製作
123分

「わたしの映画は言ってみれば地図を渡して目的地を示すようなものです。どのようにたどり着くかは観客の想像力に委ねたいのです」——アスガー・ファルハディ監督

監督	アスガー・ファルハディ
脚本	アスガー・ファルハディ
製作	アスガー・ファルハディ
音楽	サッタール・オラキ
出演	レイラ・ハタミ
	ペイマン・モアディ
	シャハブ・ホセイニ

常々感心するのは、イラン映画のレベルの高さである。アッバス・キアロスタミ、マジッド・マジディ、モフセン・マフマルバフなど、イランの映画監督は世界に通用する高質の映画を生み出してきた。そこでは欧米をはじめ、物質主義によって世界中で失われている人間の心の本質をえぐり出されている。

本作は昨年の第61回ベルリン国際映画祭で満場一致で最高賞である金熊賞、さらに女優賞・男優賞の２つの銀熊賞の計３部門で受賞し、そして本年第84回アカデミー賞では外国語映画賞を受賞した。

ファルハディ監督（兼脚本家）は『彼女が消えた浜辺』（２００９）にて日本でも注目を浴びたが、この映画ではさらにそれに上回る力量を発揮している。

イランの首都テヘランに住むナデルとシミンは14年来の夫婦で、11歳の娘テルメーと三人暮らしである。妻のシミンは娘テルミーの教育上、海外に移住したいという希望から政府の許可を取ったが、夫のナデルはアルツハイマー型認知症を患う父のケアは絶対に必要だという理由で頑なに拒否、シミンは家庭裁判所に離婚許可を申請するが、却下されて別居に踏み切る。

妻に去られたナデルは、父の介護のためにラジエーという貧しい女性を雇う。ラジエーには借金を抱えながら失業中の夫ホッジャトと娘がいた。ある日、ラジエーはナデルの父をベッドに拘束し、〝ある用事〟で外出した。ちょうどその時、突然帰宅したナデルとテルメーは、床に転げ落ち意識不明の父を発見、あわやと言うところで事なきを得た。

怒り狂ったナデルは、帰ってきたラジエーを怒鳴りつけて、その無責任を詰なじり、さらに泥棒呼ばわりした上、力尽くで玄関から追い出した。ラジエーはそのまま階段を転げ落ち、その日の夜に病院へ運ばれて流産してしまう。

その結果、胎児殺害容疑で告訴されたナデル、そして家族の葛藤——が繊細に描かれていく。そこには謎解きのような面白さ、そして人間の〝嘘〟や〝誇張〟などがきめ細かく錯綜しながら、一本一本の糸を紡ぐように展開し、ラストの大団円を迎える。

特に、物語におけるテルメーの役柄の意味合いは大きい。最終的に離婚訴訟裁判所はナデルとシミンの離婚を認め、テルメーがどちらの親を選ぶか決断を迫るが、彼女はそれまで暗かった表情を一転させて、初めて朗らかな笑顔を見せる——果たして彼女はどちらを選んだのか？　ファルハディ監督の前作同様、余韻を残し、観客の想像力に任せる見事な手法である。

「風が吹けば桶屋が儲かる」という諺は、ある事象の発生によって一見すると全く関係のないような思わぬ場所・物事に対して影響が出ることの喩えだが、本作の筋書きのアナロジーとして使えるだろう（ややニュアンスは異なるものの）。要するに、この映画で起こる一連の事態は「妻が家を出ていった」という事象から、様々な出来事が枝分かれのように展開していき、何の悪意もない善良な人々に深刻かつ多様な影響をもたらすのであり、人間には予測不能、理解不能な現実の複雑さを象徴しているのである。

訴訟という憎しみの権化のぶつかり合いのなかでは〝嘘〟や〝誇張〟や〝庇い〟などで真実が判らなくなるのだが、そんな状態の中でも、それら人々の正義感や信仰心、そして名誉を重んじ〝恥〟の精神を持つイラン人の高潔さが溢れている。

果たして現代の日本人にかってての高潔さは残滓でもあるだろうか？ 恥を知らず、名誉や誇りを失い、〈目に見える〉物欲・金欲の世界のなかで〈目に見えない〉神をも畏れぬ世界に住まうような政官財のリーダーたる者たちに、そんなものはひとかけらも見かけないのが日本の現状である。

ファルハディ監督にとっては金熊受賞は寝耳に水であり、「祖国の人々のことを思うとてもよい機会だ」と述べ、「イラン映画界は受賞を誇りにしている」と歓迎した。本作は第84回アカデミー賞でも外国語映画賞を受賞、授賞式でファルハディ監督は「この賞を祖国の人々に捧げる。あらゆる文化・文明を尊重し、敵意と憎しみを嫌う人々だ」と述べた。イラン国営放送は同賞にイスラエルの映画がノミネートされていたことから「シオニスト政権の映画に対する勝利」と報じた。

（２０１３年３月号）

ドイツ映画
『ハンナ・アーレント』
原題『Hannah Arendt』
ドイツ映画賞主演女優賞
2012 年製作
114 分

現代社会の悪の温床はアーレントの
「banality of evil」ではないだろうか

監督	マルガレーテ・フォン・トロッタ
脚本	マルガレーテ・フォン・トロッタ
製作	ベッティナ・ブロケンパー
音楽	アンドレ・マーゲンターラー
出演	バルバラ・スコバ
	アクセル・ミルベルク
	ジャネット・マクティア

この映画の主人公ハンナ・アーレント（１９０６～１９７５）はドイツ出身のアメリカの哲学者、思想家で主に政治哲学、政治思想の分野で活躍した。彼女はユダヤ人としてドイツで生まれ、第２次世界大戦中にナチスの収容所から逃れてアメリカに亡命した。

特筆すべきはマルティン・ハイデッガーとの不倫関係である。１９２４年にマールブルグ大学に入学したアーレントはハイデッガーに私淑し、その時からハイデッガーと不倫関係が始まる。二人の関係は１９２８年のエドムント・フッサールの後任としてフライブルク大学の教授に就任するまで続いた。その恋愛関係は後に復活し、戦後も長く続いたと言われている。

ハイデッガーは間違いなく20世紀の偉大な哲学者であったが、ナチス党がドイツの政権を掌握した１９３３年の４月21日、フライブルク大学総長に選出されて22名の同僚教授とともにナチス党に入党した（１９４５年まで党員）。５月27日の就任式典では就任演説『ドイツ大学の自己主張』を行い、ナチス党員としてナチス革命を賞賛し、大学をナチス革命の精神と一致させるよう訴えた。物質的ではない自然観の復権を目指してナチスに接近したハイデッガーのまさに汚点である。アーレントはハイデッガーのナチスとの関係を個人的〝エラー〟としながらも、彼の功績を貶めるものではないと擁護する。

さて、この映画の背景は１９６０年、ナチス親衛隊でユダヤ人の強制収容所移送の責任者だったアドルフ・アイヒマンが、アルゼンチンに潜伏中、イスラエルの情報機関モサドに拘束され、ブラジル経由でイスラエルに拉致された事件とその戦犯裁判である。モサドによる拉致は外交ルールを無視したものでもあった。

アーレントは生身のナチスの犯罪を体験したいとして夫の反対を押し切り、その裁判を傍聴するためイスラエルに出向く。しかし、米ニューヨーカー誌に投稿した彼女の裁判傍聴記は全世界のユダヤ人界で物議をかもし、アメリカでも恐喝まがいの徹底的抗議を受けたのである。この映画は、一歩も引かないハンナの信念と誰でも納得する彼女のロジックに満ちた、大学での迫力に満ちた講演で締めくくられる。

アーレントはアイヒマンを単なる「平凡な男」「役人気質」「輸送のスペッシャリスト」と評価する。アイヒマンが抗弁するように「上司の命令に忠実に従ったもので、単なる命令の遂行者」の立場であり、それはナチスの悪魔のような深みのある悪ではないと見た。まさに〈banality of evil〉（陳腐な悪）であり、現代社会で最も恐ろしいのは〈思考停止〉、すなわち〈人間の善悪の倫理観に立ち戻ることをしない人間の恐ろしさ〉だとした。

さらに彼女は、アイヒマン拉致は不法であり、その裁判はアイヒマンの罪状とは別に政治的なプロパガンダのための「ショートライアル」（裁判ショー）と化しており、裁判の呈をなしていないとまで言った。連合国が敗戦国日本を一方的に裁いた東京裁判やその他のＢＣ級裁判などで見られた政治的なリンチ性が、このアイヒマン裁判に通底していることも事実だ。こうしたアーレントの言動のうち、最もユダヤ人世界を激怒させたのは、アイヒマンのユダヤ人輸送オペレーションにはユダヤ人集団のボスもナチスに協力する形で関与していたことを、裁判のユダヤ人ラビの証言で聞き取り、これをレポートしたことだった。ちなみに、彼女は広島・長崎原爆投下やカチンの森事件が戦争犯罪として暴かれないのはおかしいとの立場を取っている。

誤解してはならないのは、彼女はアイヒマンを赦しているのではなく、社会学者として事件の原因を〈banality of evil〉として結論付けているということである。ユダヤ人社会は、彼女の親友・同僚も含め、ユダヤ人同胞でありながら冷たいとやや感情的にまで激怒したのだ。ユダヤ社会そのものが陳腐な悪に陥っているのが皮肉といえる。他方、彼女にはドイツ系ユダヤ人が「Ostjuden」（東欧系ユダヤ人）を軽蔑する差別意識があり、首席検察官がポーランド系ユダヤ人であったので偏見を持っていた、加えて彼女は裁判の一部しか傍聴しておらず、アイヒマンが反ユダヤ主義を露呈した証言を聞いていないと非難する専門家もいる（英国人ホロコースト研究家David Cesarani）。

恋多き俗っぽさも備えた才女、しかし鋼鉄のような信念の人アーレントの魅力には誰でも魅了されるだろう。

（２０１３年11月号）

ルーマニア映画
『私の、息子』
原題『Pozitia copilului』
第63回ベルリン国際映画祭金熊賞
2013年製作
112分

「甘やかすと相手の勇気を奪ってしまう」
――アルフレッド・アドラー

監督	カリン・ピーター・ネッツァー
脚本	ラズヴァン・ラドゥレスク
製作	カリン・ピーター・ネッツァー
音楽	クリスチャン・ターノヴェェッチ
出演	ルミニツァ・ゲオルギウ
	ボグダン・ドゥミトラケ
	イリンカ・ゴヤ

娯楽性や商業性が鼻につくアメリカのハリウッド映画や、フランス、イタリア、スペイン、イギリスといった西欧先進国の映画にはない、味わいのある映画を作るのがイラン、トルコなどイスラム圏や東欧圏の映画であり、僕はそれを〈辺境映画〉と定義している。その特徴は辺境だからこそ、家族の絆や村社会の掟の制約の中に、先進国では失われた、人間や家族などの本来の素朴な真心が存在する素晴らしさにある。

本作も、共産主義にとことん蝕まれた後遺症が残るルーマニアによる〈辺境映画〉といえる。間違いなく僕の本年度公開映画のベスト5に入るだろう。この映画は2013年第63回ベルリン国際映画祭にて金熊賞を受賞した。監督は1975年ルーマニア生まれのカリン・ピーター・ネッツァーで、本作の主人公の母親役は同国の代表的女優ルミニツァ・ゲオルギウが熱演している。

ルーマニアは自主独立の共産主義国家であり、チャウシェスク独裁政権が25年にわたって君臨したが、1989年に崩壊した。ルーマニアは反ソ連の独自路線を採ったといっても、その内実はソ連より悪質な〈チャウシェスク王朝〉によるネポティズムの恐怖政治であった。一切の自由を抑圧された国民は、この間無力感のなかでニヒリズムに陥り、その病を引きずっているため、独裁政権崩壊後の民主化は形ばかりで、真の民主主義は根付いておらず、共産主義の後遺症である無気力と資本主義の流行病である物質主義が、モラル無き汚職社会の土壌を醸成しているのだ。

　本作は、そんな現代ルーマニアの病理を象徴するかのような映画であり、子供をひき殺した息子の加害者家族、子供をひき殺された被害者家族、そして彼らを取り巻くルーマニアの宿痾とも言える汚職に染まった警察や官僚の世界を描いている。

　加害者家族の母親は有名建築家として財を築き、公務員の父親と上流階級の暮らしをしている。息子はその母親に甘やかされて自立できず、責任感もなく、決断もできない精神不安定者である。我が国にもこういう類いの青少年が増えていて笑えない。

　その息子が貧困家庭の子供をはね殺してしまった。それも高級車に追い越されたから追い越し返すという、カッとなって自己抑制能力を失った挙句の事故でもあった。過保護な母親は直ちに上流階級のコネを使い、警察や裁判所、病院などを丸め込み、さらには証人の偽証まで裏工作を淡々とこなす。そして最も難関なハードルである被害者家族への〈誠意を込めた〉丸め込みを企むが、肝心の息子は当事者意識もなく逡巡する。

　息子を守り通したい母親の愛は、ある意味では普遍的であり、古今東西の真実である。事故後、母親は的確に物事を処理していくが、日頃から気に入らない息子の愛人を説得する場面や証人に偽証を依頼する場面を含め、その姿には見事な母親の愛が満ち満ちているのである。政治力や手練手管に秀でている人物には、得てしてそれ以上の人間としてのスケールの大きさがあり、実際に〈芝居〉を離れて人間の核心に触れ合おうとする誠意が備わっているのも世の常である。この世の中で、極論すれば聖人君子風の〈善人〉には、実はひとかけらの誠意もなく、人間味もない者が大多数である。〈善人〉ほど信用できず頼りにならないものはない。だから、この母親を息子を溺愛する単なる「親バカ」などと片づけるのは、あまりにも浅薄な批判でしかない。

ラストシーンは感動的である。肝心の加害者家族と被害者家族との面談にもかかわらず、息子は母親とともに謝罪に行く勇気もなく、結局車で待機していた。息子は車から母親を送り出すが、門前に呆然と佇む被害者の父親を見て、ついに車から降り――つまり、ついにキリスト教用語で言うところのメタノイア（悔い改め）を得て、自ら謝罪に向かう……それは見違えるような品位に満ちた息子の姿である。スクリーンには車のバックミラーだけで、そこに映る二人の交わす会話の内容はわからない。しかし、そこには明らかに赦しと和解の感動的な姿があるのだ。そして映画はエンドロールを迎える……いつもの僕ならここで席を立つのだが、この映画では最後まで字幕を見つめていた。何とも言えない余韻が、そして救いともいえる人間愛が心に染みるのだ。

腐敗と物質主義に渇き切った現代ルーマニア社会の縮図を描く本作は、まさにルーマニア国民の和解と再生を願ったものに違いない。

（２０１４年９月号）

アメリカ映画
『シチズンフォー スノーデンの暴露』
原題『Citizen Four』
第87回アカデミー賞長編ドキュメンタリー賞
2014年製作
114分

"Give me Liberty , or give me Death!"
「自由を与えよ。然らずんば死を」
——パトリック・ヘンリー

監督　ローラ・ポイトラス
脚本　ローラ・ポイトラス
製作　ダーク・ウィルツキー
音楽
出演　エドワード・スノーデン
　　　グレン・グリーンウォルド
　　　ローラ・ポイトラス

国家が最新鋭の情報技術を利用して、ありとあらゆる個人のプライバシーまで侵害する――これはアメリカで実際に起きていることだ。

9・11テロの後、アメリカではテロ防止のための超法規的措置により、ＮＳＡ（国家安全保障局）が増長して自国民はもちろん、海外の要人の個人情報まで不正収集するなど（たとえば、メルケル首相の携帯盗聴事件）、政府の巨大組織が横暴を極めている事実を、スノーデン事件を通じて描いたドキュメンタリー映画だ。本年度アカデミー賞長編ドキュメンタリー部門のオスカー受賞作である。僕は公開直後に4月パリで鑑賞したが、日本ではまだ公開されていないようだ。

本作の主人公でもあるエドワード・スノーデンという人物には、日本の報道や空気から何となく如何わしい〈国家反逆者〉的な印象をもっていたが、この映画を通じてそんな印象がすっかり一変したのも事実だ。何といっても29歳のスノーデンの素直で正直な人柄がにじみ出ているように描かれていて、好感まで持ってしまう。

個人のプライバシーを侵害する国家犯罪より、それを暴いた男（スノーデン）の犯罪行為のほうが重大だというような世論操作に、うっかり丸め込まれてしまうのが世の常だが、それは本末転倒である。民主主義の基本命題に立ち返る映画として、考えさせられることが多い。

この映画の女性監督はローラ・ポイトラス（１９６４生まれ）。これに先立つ作品も対アメリカ政府批判が中心であり、２００６年の『My Country, My Country』で米軍占領下のイラクにおけるイラク人の生活を描き、アカデミー賞候補にノミネートされ、『The Oath』（２０１０）ではアメリカの対テロ戦争で捕縛された二人のイエメン人を描いてサンダンス映画祭ドキュメンタリー賞を受賞した。この二つの作品と本作を合わせて、テロ対策と称してアメリカ政府が権力の濫用ともいえる監視と秘密作戦により、人権を蹂躙している現実に警鐘を鳴らした、彼女の〈正義〉の三部作といえよう。

実際、ポイトラスはアメリカ政府の監視対象になり、交信が監視されている。本人は『My Country, My Country』の製作時にイラクの有力者に送金したからではないかと推測している。いずれにせよ、それ以来、彼女は何度もアメリカ出入国時に嫌がらせを受け、何時間も拘禁され、パソコン・携帯電話・メモなどを押収されているという。現在ベルリンに住む理由の一つが、このアメリカ政府による嫌がらせによるものである。

ドキュメンタリー映画の使命をしっかりと認識し、言論の自由こそが民主主義の根底をなすべきとの揺るぎない信念を訴える彼女のインタビュー記事を読んだが、まさに筋金入りであり、〈鉄の女〉の風格だ。彼女は絶えずリスクに晒されている。政府による謀殺があってもおかしくない。実際、ロシアなどでも真実を報道する女性ジャーナリストが暗殺されている。

やはり僕が凄いと思うのは、彼女の執念であり、スノーデン事件のイメージを変えてしまうような彼女のドキュメンタリー演出である。スノーデンから連絡があって極秘裏に進めた撮影はまさに臨場感に富んでおり、映画としての創造性・完成度も高い。

アメリカの巨大な力で世界を動かす、いわば〈世界の警察〉なる高慢な態度は危険で鼻につくが、他の覇権国家たるロシアやシナに比べて、アメリカでは国家権力の巨悪に対して闘う市民の正義感が存在することは、僕たちも評価せねばならない。

確かにアメリカではウォーターゲート事件をはじめ、国内の権力闘争や国民監視、そして国際的な秘密作戦など国家権力の巨悪が渦巻いているが、それに対して市民の力で不正義を正そうとする〈民主主義〉という浄化作用が健在している事実は、賞賛すべきことだろう。そして、このような反政府映画に対してアメリカの文化の代表的存在のアカデミー賞が授与されることもまた評価されるべきだろう。

最後に2014年1月、ノルウェーのボード・ソールエル元環境大臣は、スノーデンをノーベル平和賞候補に推薦したこと、個人の人権について神経質な欧州では彼に対する評価も高いことを付け加える。

（2015年8月号）

トルコ映画
『雪の轍』
原題『Kis Uykusu』
第67回カンヌ国際映画祭パルム・ドール
2014年製作
196分

「私のほぼ全ての作品にチェーホフの要素がある。……
ある意味、私にとって人生はチェーホフの物語なんだ」
——ヌリ・ビルゲ・ジェイラン監督

監督	ヌリ・ビルゲ・ジェイラン
脚本	エブル・ジェイラン
製作	ゼイネプ・アタカン
音楽	
出演	ハルク・ビルギネル
	メリサ・ソゼン
	デメット・アクバァ

これほど感銘を受けた映画は人生でも珍しい。しかも、監督は僕の聞いたこともないトルコ人で、上映時間はなんと3時間16分の長丁場だ。こんな長い映画も近年稀で、二回に分けて観ようかとも考えたが、結局引込まれて一気に全編を観た次第だ。

さて、監督のヌリ・ビルゲ・ジェイラン（Nuri Bilge Ceylan）は１９５９年生まれで、日本でかつて上映されたことは一度もないと思うが、なんと２００２年の『冬の街』と２０１１年の『昔々、アナトリアで』でカンヌ国際映画祭グランプリを、２００８年の『スリー・モンキーズ』でカンヌ国際映画祭監督賞を受賞。２０１４年には５度目の出品となった第67回カンヌ国際映画祭で、本作『雪の轍《わだち》』がパルム・ドールを受賞した。

良い作品を配給する配給会社、それを上映する映画館、そしてそれを見極める観客の鑑定眼の三拍子が揃わないと、日本では近い将来、中身のない日本映画か、ハリウッドの娯楽映画しか味わえない状況になってしまうと恐れるのは僕だけではあるまい。これでは映画界を目指す日本の若者が育たない。その意味で、僕がパリ滞在中、日本では絶対に見られない映画を見まくることができたのは、映画王国フランスだからこそ得られた貴重な経験である。

さて、本作に感動した僕はジェイラン監督の過去の作品をネットで注文し、昨日届いたロットで上述の『スリー・モンキーズ』も英語字幕で観たが、監督の並々ならぬ実力を改めて確認することができた。選挙に立候補した富豪の男が運転中に人をはねて殺してしまう。富豪は運転手に対して、その妻と出来損ないの息子の生活費を負担することを条件に、自分の身代わりとして自首させる。その後、富豪は運転手の服役中に、その妻を愛人にしてしまう。9か月後、運転手は無事に出所したが、家庭内の異変を感じる……こうしたドロドロの人間模様を、運転手のスラムの家を中心に、美しいカメラワークで描いていくのだから、ジェイラン監督の芸術的才能はまさに突出しているのだ。

さて、本題の作品に戻ると、この映画はサスペンスやスペクタクルのような娯楽要素が一切なく、ただただ激しいやり取りを交わす大人の会話劇を描いている。下手な監督だったら、退屈すぎて30分で席を立つだろう。これが違うのだ。登場人物はトルコの世界遺産カッパドキアを舞台に、ホテルを経営する大地主と歳の離れた美人な妻、出戻りで弟の家に居候している小姑の姉、そして家賃不払いの兄弟（妹のパンティを盗んだ男を刺して刑務所にぶち込まれた後、仕事もなくぶらぶらしている熱血漢の兄と、偽善的なイスラム伝道師の弟）である。この人物たちが縦横無尽にドラマを奏でるのである。

人間の愛とは何か？ 赦しとは何か？ 罪とは何か？ 慈善とは偽善なのか？ 人間の誇りとは何か？ 人間本来の限りない美しさと醜さ、卑しさを交錯させながら、沸騰する会話を中心に人生を描く監督の奥深い教養と知性、それに呼応する役者たちの名演技、そしてどんな醜いシーンでも美しい画面を創りだす監督の美意識。これほど完成度の高い映画は久しぶりだ。

ジェイラン監督にはイスラム教という宗教がありながら、その特殊性を完全に超越しており、欧米人や日本人の感覚でも全く違和感のない、現代社会の普遍的な価値観を描いている。むしろ、この監督は宗教の偽善性を見透かしており、無神論に近い立場なのではないかと僕は推定している。

ジェイラン監督が自分の生き様を、この登場人物に重ね合わせているように思えるほど、知性と教養と理性を兼ね備えた主人公だ。見どころは大地主と姉の激突、若き妻と姉（小姑）の激突、若き妻（貸主）と兄弟（借主）の激突、大地主と似非慈善家との激突を通じて描かれる会話劇は、思わず引き込まれざるをえないほど上質かつハイレベルな会話の応酬の連続だ。現代の日本映画では現代の日本人による薄っぺらな会話しか存在せず、こういう大人の会話劇を作ることは不可能だと断定できる。

実際のトルコ社会にも本作で描かれたような、人間本来の実存に迫る会話の激突があるのかどうかは知らないが、いずれにせよ、監督の超越的な知性と教養、そこから生み出された大人同士が激突する会話の面白さに、僕は３時間以上もの間、終始圧倒され続けたのである。僕が推奨する〈辺境映画〉の中でもピカイチの作品だ。（２０１５年９月号）

ノルウェイ・アイルランド・スウェーデン合作映画
『おやすみなさいを言いたくて』
原題『Tusen ganger god natt』
モントリオール世界映画祭審査員賞
2013 年製作
117 分

ジャーナリズムとは何なのか？
正義なのか、それとも自己欺瞞なのか？

監督	エリック・ポッペ
脚本	ハラール・ローセンローヴ＝エーグ
製作	フィン・イェンドルム
音楽	アルマン・アマール
出演	ジュリエット・ビノシュ
	ニコライ・コスター＝ワルドー
	マリア・ドイル・ケネディ

この映画はノルウェー出身のエリック・ポッペ監督がフォトジャーナリストの活動を描いた作品だ。ジャーナリズムとは何か、という問題について深く考えさせられる。ジャーナリズムは報道・表現の自由として民主主義の根底をなすものであり、権力の腐敗や隠蔽工作、さらには国際的な戦争や飢餓などに関する報道を通じて、世界の不正や悲惨さを暴きだすという使命がある。そんなニュースやジャーナリズムの殿堂として「全ての人々のための報道の自由、表現の自由、そして自由な精神」のためにアメリカ・ワシントンＤＣに設立されたのが、「ニュージアム」（ＮＥＷＳＥＵＭ）である。ニュースとジャーナリズムに関する展示の他、取材中に命を落としたジャーナリストを追悼するコーナーもある。

ただ、ジャーナリストといっても、中には売名行為として危険を覚悟で紛争地帯に身を投げ出す者もいるのではないか。ジャーナリズムとはパパラッチ的興味本位なのか、正義感に燃えた行動なのか。〈無私の立場で生き生きと報道しようとしていた。しかし凶弾に倒れ、あるいは虐殺された〉というのも納得できるようで、なかなか判断の難しいところだ。もちろん、ここで個人の野心や冒険心を否定しているわけではない。そうではなくて、その行為の中に何か〈人間としての正義の使命感〉のようなものがあるか否かと期待してしまうのだ。

この映画は、写真を通じて世の中の不正や悲惨さを伝える使命感を持った世界的なフォトジャーナリストのレベッカとその家族の愛と葛藤を描いている。主人公を演じるのは、ミラン・クンデラの同名小説を映画化した『存在の耐えられない軽さ』（1988年）で注目を集め、いまや世界的演技派女優となったフランス出身の女優ジュリエット・ビノシェだ。同作でソ連軍のチェコ侵入の理不尽を捉える写真家を演じていた彼女が、本作でも写真家を演じることには奇妙な関連性があるように思える。

きめ細かい心理描写にビノシェの天才的演技があって、この映画に深みを持たせている。ビノシェあってこその映画といえるだろう。見事な表情の演技だ。

得てしてジャーナリズムの陥るところは、功を焦る為に〈ヤラセ〉とも解釈しうるような超えてはならない一線を超えてしまうところにある。

映画の冒頭では、アフガニスタンの自爆テロを描いているが、なんとレベッカは女性の自爆テロリストに密着取材をするのだ。自爆テロリストが決行前に仮の墓に横たわり、自爆によってバラバラの肉片に化する運命を自分に納得させる場面や、自分の身体に爆弾を装着する場面、そして自爆寸前の場面まで密着取材させてほしいと懇願する。だが、その取材姿勢こそが、取材対象の女性テロリストを煽り、自爆テロの正当性を確信させ、無辜の市民を巻き添えにする自爆テロへと駆り立てているようにも見える。

結局、レベッカも取材中に予定より早く自爆用の爆弾が爆発したことで重症を負い、あわや命を失う寸前まで行った。その結果、ペンタゴンは激怒してレベッカの危険地域への立ち入り、写真の公開を禁止する措置を取るのだった。

それでも、レベッカは確信犯的に自らの取材を「正義の戦い」と思い込み、危険愛好家の性癖は変わらない。アイルランドの首都ダブリンには最愛の夫と二人の娘がいる。夫はついに危険を省みないレベッカにブチ切れ、彼女も一旦は写真家を辞めると決意するが、ある出来事をきっかけに再び危険愛好家のフォトジャーナリストに戻ってしまう。

レベッカは再びアフガニスタンの自爆テロを追いかけ、今度はいたいけな少女の自爆テロに密着取材する。レベッカは少女が小さい身体に爆弾を装着する時、その表情を捉えようと何度もシャッターを押そうとするが、どうしても押せない。そんな繰り返しのなかで、写真家は〈正義〉とは裏腹に、〈人間としてあるべき自分とは果たして何か？〉という自覚がついに芽生え、自問自答の葛藤の末に〈真のジャーナリズムとは何か？〉という問いに答えを得たのだ……と僕は解釈した。

ジャーナリズムの本質はもちろん、色々な軋轢や相互理解を経ていく家族の姿を描いた点でも良くできた映画であり、是非日本で公開してほしいものだ。

（２０１５年７月号）

アメリカ映画
『ノマドランド』
原題『Nomad Land』
第77回ヴェネツィア国際映画祭金獅子賞
20年製作
108分

現代の遊牧民ノマド——その生き様は、あの西部開拓時代にアメリカに入植し、新天地を探して旅をした移民のスピリットとの類似があるのだ。

監督	クロエ・ジャオ
脚本	クロエ・ジャオ
製作	フランシス・マクドーマンド
音楽	ルドヴィコ・エイナウディ
出演	フランシス・マクドーマンド
	デヴィッド・ストラザーン
	リンダ・メイ

コロナ禍の影響で映画館に行くことが難しくなっているが、それでもいくつかのアカデミー賞候補作品を観た。その中でも本作『ノマドランド』は、〝イケる作品〟だと僕の直感がそう告げた。とりわけ、主演のフランシス・マクドーマンドの天才的な演技が素晴らしい。彼女の３度目の主演女優賞の受賞を確信した。

アメリカの名女優フランシス・マクドーマンドは、イェール大学で美術学の修士号を取得後、舞台女優としてキャリアを始め、１９８４年にコーエン兄弟のデビュー作、『ブラッド・シンプル』で映画初出演を果たした。彼女はこの作品が縁でコーエン兄弟の兄ジョエル・コーエンと結婚し、96年には『ファーゴ』でアカデミー主演女優賞を初めて受賞するなど、コーエン兄弟の作品には欠かせない存在だ。今回の『ノマドランド』で見事、３度目の主演女優賞に輝いた。

マクドーマンドがコーエン兄弟の初期作品で見せた若い女性の怪しげで官能的な演技もさることながら、熟年女性の深みのある演技でも他の女優にまったく引けを取らないことを、本作は証明している。人生における真実を迷うことなく追求し、周囲の人間との調和や暖かな眼差しで社会的正義を貫くさまなど、さりげないが説得力ある演技ができる女優はそうはいない。

監督のクロエ・ジャオは北京生まれの女性監督だ。アメリカの映画学校を卒業し、現在はアメリカで活躍している。本作は、第93回のアカデミー賞（2021年）で作品賞と監督賞も受賞したので、主演女優賞と合わせ、最も重要なオスカー三冠をものにしている。さらに、第77回ヴェネツィア国際映画祭（2020年）で金獅子賞も受賞した。

クロエ・ジャオ監督は非白人の女性として初めてアカデミー監督賞を受賞した映画監督だ。ちなみに女性初のアカデミー監督賞の受賞者は、2009年の『ハート・ロッカー』で受賞したキャスリン・ビグロー監督だ。女性監督の受賞はそれ以来11年ぶりとなる。

今回取り上げる『ノマドランド』は、ジャーナリストのジェシカ・ブルーダーが2017年に発表したノンフィクション『ノマド：漂流する高齢労働者たち』をもとに作られている。

物語は、主人公の熟年女性ファーンが住むネバダ州エンパイアにある工場が、リーマン・ショックの煽りを受けて閉鎖されてしまうところから始まる。この工場で成り立っていた町は立ち行かなくなり、住民は退去を迫られる。

この町で長年働いていた夫を亡くしたばかりのファーンは、故郷を愛しながら亡くなった夫との思い出の品をキャンピングカーに積み込み、車上生活を始める。ファーンは自身の孤独感を癒すかのように、車で移動しながら季節労働や Amazon の倉庫での労働を生活の糧としていく。やがてファーンは、ノマドの集まりに参加し、お互いに励まし合って生きる意欲をシェアする現代のノマド族になっていく。

本作からは、共産主義・唯物主義という非人間的社会で育った中国人監督が撮ったとは思えぬほど、大自然への畏敬や輪廻的な思想を感じさせる。美しいアメリカの自然も風景として取り入れながら、主演のマクドーマンドが見せる自然で巧みな演技と、クロエ・ジャオ監督の演出が見事に調和している。

今、共産主義国家を含む世界中の国々が「金、金、金」の金銭欲や物質欲に囚われている。大衆蔑視としか思えない「生活第一」のスローガンしかり、われわれは大衆迎合の政治経済に振り回されている。しかし、本作は物質至上主義の作品ではなく、むしろ「金、金、金」の政治経済の恩恵を享受できなかった敗残者たちが住む社会の物語だ。そういう社会だからこそ生まれる人間らしさや思いやり、愛が輪廻的に描かれている。

神は汝を無尽蔵に愛した。だからそれに応えるために、同じように汝は神を愛し、そして他人を愛せよ。このキリスト教の愛に東洋的な輪廻の世界観が加わる。何万光年も離れた宇宙空間でキリスト教と東洋思想が交わりゆく姿が見えるようだ。そんな印象を抱かせる映画だ。人間は短い人生の中で己の物語を紡ぐ。避けられない死を迎えても、人生の思い出は霊として永遠に生きる。この美しい世界観が他者への愛や友情で見事に描かれている。


（２０２１年６月号）

イラン・フランス合作映画
『英雄の証明』
英題『A Hero』
第74回カンヌ国際映画祭グランプリ
2021年製作
127分

「かつての悲劇というのは善と悪との戦いだった。
しかし現代の悲劇は善と善の戦いであり、
勝っても負けても勧善懲悪にはならないのだ」
——アスガー・ファルハディ監督

監督	アスガー・ファルハディ
脚本	アスガー・ファルハディ
製作	アレクサンドル・マレ=ギィ
音楽	
出演	アミール・ジャディディ
	サハル・ゴルデュースト
	モーセン・タナバンデ

今回の映画は、イラン人のアスガー・ファルハディ監督の作品だ。僕は、現代において、世界のベスト5に入る監督だと彼を評価している。

ファルハディ監督は、10代で自主映画を撮り始め、テヘラン大学芸術学部で舞台演出の博士号を取得。その後、イランの国営放送でテレビドラマの脚本・演出を手がけ、2002年、映画『フライト・パニック　ペルシア湾上空強行脱出』の共同脚本家として映画界でのキャリアをスタートさせた。

その後、彼はベルリン国際映画祭やカンヌ国際映画祭などで数多くの映画賞に輝き、米アカデミー賞外国映画賞を2度も受賞している。本作『英雄の証明』では、第74回カンヌ国際映画祭グランプリを受賞した。

僕が楽しみにしていた作品だ。封切り初日に観に行った。

主人公のラヒムは、借金が返せずに投獄されている。ある日ラヒムの婚約者は、金貨が入っている鞄を拾う。ラヒムは数日間の臨時出所の際にその金貨を受け取り、借金返済に充てようとしたが、最終的に持ち主だと名乗り出た女性に返した。このことが、メディアやSNSで広まり、囚人だった主人公は一躍英雄となる。だが、ほどなく英雄視されるラヒムをめぐって、SNS上では彼の美談を嘘だとする書き込みが広がっていった。

主人公が思わぬ事態に巻き込まれていく様を描くファルハディ監督の脚本と演出は巧み

である。

本作もイラン人らしい饒舌ながら、人間の罪、嘘、金欲、盗み、詐欺　など嘘に固まるような自己欺瞞に陥ってしまうかと思うと、反作用が生じてその矛盾葛藤を繰り返しながら、最終的には人間のプライド・誇りが決め手になるというイランの偉大さを感じさせる物語である。歴史的に人間の気高さを規範とする偉大なペルシャ人の誇り高さから来るものだろうか。

最近、特に日本では、矜持や名誉などが理解されなくなった。政治は堕落し、企業は社会的使命を果たすよりも、金儲けに邁進する。社会全体に拝金主義がはびこっている。人間の存在の偉大さとは、誇り高き感情が、刹那主義なる功利主義を乗り越えるところにある。そのことを気付かせるのが、本作の品格と言えるだろう。

最後に、ファルハディ監督へのインタビューの一部を引用する（映画.com より）。

――本作はどのように着想されたのでしょうか？
監督　かなり以前から新聞でこうしたストーリーを目にしていました。普通の人たちが何か利他的なことをした結果、注目を集めるといった物語です。そうしたストーリーは往々にして類似の特徴を備えています。本作は特定のニュース記事から着想を得たわけではありませんが、私はそうした報道記事を念頭に置いて、この物語を書きました。

――ＳＮＳやメディアの影響で、主人公のラヒムが予期せぬ状況に陥る展開に驚きました。脚本執筆の過程を教えてください。

監督　報道された実際の出来事のおかげで、最初にぼんやりとした物語が思い浮かびました。何年か経つとはっきりとしたアイデアになりました。私はいつも同じように仕事を進めます。動機や推進力となるものは、イメージや感覚、時間が経つに従って広がって行く短いプロットから生まれます。時には、こうしたことが、いつの日か脚本の一部になるのだと私が気づかないまま、ただ心の片隅に佇み続けることもあります。

時間は大切な味方です。こうした種子には、自然と消滅するものもあれば、生き残り、成長し、世話をされるのを待つ未完了の作業としてずっと離れずにいるものもあるのです。

（２０２２年６月号）

イタリア映画
『３つの鍵』
原題『Tre Piani』
第 74 回カンヌ国際映画祭コンペティション部門
2021 年製作
119 分

「現代人が、いかに孤立した生活を送り、コミュニティから自分を疎外するようになってしまったのか……この映画は私たちを外の世界へと心を開くように誘っているんだ」

——ナンニ・モレッティ監督

監督	ナンニ・モレッティ
脚本	ナンニ・モレッティ
製作	ナンニ・モレッティ
音楽	フランコ・ピエルサンティ
出演	マルゲリータ・ブイ
	リッカルド・スカマルチョ
	アルバ・ロルバケル

イタリアの巨匠ナンニ・モレッティ（１９５３年生まれ、69歳）は40歳にして世界三大映画祭すべての賞を受賞した、イタリアを代表する監督である。監督作品では脚本も書き、主演をすることもある。

彼の映画の特色は家族の問題を描くことだが、そこには常に、現役の大人世代が将来の子供世代に向かって、「倫理と道徳」を継承する観点から、〈ecology としての遺産〉を残していかなければならないという、非常に高いモチベーションが込められている。ここにこそ、この監督の〈映画とはどうあるべきか〉という、そもそも論からの安定感があって、世界的映画監督という評価があると僕は納得する。

このモレッティの他にも、イタリアの家族映画には小津安二郎や木下恵介、山田洋次など日本の家族映画とどこか親近感があると感じるのは僕だけではないだろう。

この映画の原作はイスラエルの作家エシュコル・ネボの『Three floors up』だ。映画化に当たって物語の舞台をテル・アビブからローマに移し、３つの物語を３つの時間軸で再構成した。

デビュー以来、一貫してオリジナル作品を手掛けてきたモレッティ監督が、初めて原作の映画化に挑戦したといえる。なお、この映画のイタリア語の原題は『Tre Piani』、英題も「Three Floors」だから、本来の邦訳は「３階」である。その意味で、「３つの鍵」という邦題はややピント外れだ。

物語は、3つの家族がローマの3階建てアパートに住んでいる、という舞台設定から始まる。

ある夜、アパートの1階に車が衝突して女性が亡くなる。運転していたのは、3階に住む裁判官夫婦の息子だった。同じ夜、2階に住む妻は陣痛が始まったが、夫は長期出張中で不在のため、たった一人で病院に向かう。一方、仕事場が事故で崩壊した1階の夫婦は、幼い娘を朝まで向かいの老夫婦に預けるが、それから数日後、認知症の老夫と娘が行方不明になり、1階の父親は認知症の老夫が娘に性的ないたずらをしたのではないか……とパラノイアに取り憑かれる。

人間社会は、家族の単位と他者との共存で成り立つ。交通事故をきっかけに、それぞれの階に家族の単位がいわば隠されているのだが、物語は刑事事件的に、それぞれの階の家族の単位を飛び越えて他者と錯綜する事態となる。うわべだけの関係だった3つの家族に他者との錯綜が生じる中で、自分の家族ですら親子関係や夫婦関係が積み木のように崩壊する危険に陥っていく。

日本でもよくあるが、3階のエリート判事夫妻はまさに教育パパとママで、何から何まで束縛されて育った息子は親へのコンプレックスから自分を失い、荒れた生活の中で事故を起こしてしまう。親は判事だが、もみ消しは立場上絶対にできない。甘やかされて育った息子は泣き叫び、自分たちの子供（自分）を何とかしろと暴力を振るうほど性格破綻をきたしている。

２階の妻は夫が長期出張のため、たったひとりで臨月を過ごし、陣痛の日はタクシーが拾えず徒歩で病院に辿り着く。出産は無事だったが、産後も不安と孤独を募らせる。そんな中、詐欺事件で逮捕寸前の義兄が夫の留守中に匿ってくれと訪ねてくる。そこで夫が義兄を蛇蝎のように嫌悪する理由を打ち明けられるのだ。

１階の父親は大事な娘が認知症の老人に性的虐待を受けたとパラノイアに取り憑かれている一方、皮肉にも自分自身が若い女性の露骨で甘美な誘惑にうかつにも乗ってしまい、挙げ句の果てには、その女性に強姦被害で訴訟されるというパラドックス。

まさに交通事故をきっかけに、３家族のプライベートな問題がさらけ出され、事態は〈複雑骨折〉へと展開する。モレッティ監督の見事なストーリー展開はさすがだ。傷つき、傷つけ合いながらも結果はハッピーエンドで後味も良い。

なかなか感動を呼ぶ映画であることは確かだ。

（２０２２年11月号）

フランス映画
『落下の解剖学』
原題『Anatomie d'une chute』
第 76 回カンヌ国際映画祭パルムドール受賞
2023 年製作
152 分

「ハウダニット」(Howdunit)：How done it? の略。「どのようになされたか」の意で、犯行方法の解明を重視した推理小説。→フーダニット（whodunit：who done it）→ホワイダニット（whydunit：why done it）なども同様の略語。

監督	ジュスティーヌ・トリエ
脚本	マリー＝アンジュ・ルシアーニ
製作	ジュスティーヌ・トリエ
音楽	
出演	サンドラ・ヒュラー
	スワン・アルロー
	ミロ・マシャド・グラネール

２０２３年5月21日に第76回カンヌ国際映画祭でパルム・ドール賞を受賞した超一級のヒューマンサスペンスドラマである。

人里離れた山荘で、自動車事故で視覚を失った息子が小説家である父親の遺体を発見する。当初は転落死だと思われたが、不可解な点が多いことから、ベストセラー作家の母親が殺人容疑で逮捕される。そして、裁判の中で事件の真相が明らかになるにつれて、理想の家族像の裏に潜む夫婦間の秘密や憎悪が明らかにされていく……。２時間半の長丁場だが、まんじりともせずに楽しめる。

殺人事件の真相に迫る中で、真実は何なのか？　他殺か自殺か？　誰が？　なぜ？　どうやって？　という、まさにアガサ・クリスティの推理小説を彷彿とさせるような「フーダニット」「ホワイダニット」「ハウダニット」を観客に突きつけてくる。

事件の背景として、息子の事故に対する責任のなすりつけ合い、作家同士の剥き出しの競争心と嫉妬心、妻の不倫、そして事件前日に録音された激しい夫婦喧嘩の様子（コップが壁に投げつけられて割れる音、相手を殴打する音が鈍く響き渡る）……など、一連の事実が次々と生々しく暴露され、夫婦間の凄まじい憎悪が明らかになっていく。

それでは、事件の真相は何だったのか？　状況証拠が示すように、やはり妻が夫を殺した真犯人なのか？　それとも夫は薬物の過剰摂取による自殺なのか？　息子は母親が無罪である証拠を示すが、それは真実なのか？　それとも父を亡くした上、さらに母を奪われる恐怖から捏造した嘘なのか？　どちらも真実にも、嘘にも見える。この謎解きが法廷劇として仕上げられている面白さったらない！　見事な脚本だ。

しかも、通常ならば、この手のサスペンス映画は善悪二元論であり、犯人は想定外の善人だったり、想定通りの悪人だったりして、観客はシナリオに従って犯人に同情したり、憤慨したりする。しかし、本作のシナリオはあえて真実を断定せず、謎に包んだまま終わる。はしごを外された観客は独自の謎解きを強いられ、それぞれの人生観から同情や怒りを抱き、自然と「フーダニット」「ホワイダニット」「ハウダニット」を導き出すよう仕向けられる。

つまり、観客の数だけ様々な謎解きがありえる、観客次第で真実が変わるのだ！　そして、こうやって複数の謎解き、複数の真実が成立するよう巧妙に練り上げられたシナリオの出来栄えには驚愕するしかない。ここに僕は、フランス独特のロジカルかつエモーショナルな視点の鋭さを見るのだ。

さらに言えば、「真実」とは現実に起きた事実とは限らず、むしろ人間が主観的に断定するしかないものである。すなわち、最終的に裁判の判決を決定するのは客観的な事実そのものではなく、むしろ――裁判官にせよ陪審員にせよ――判決を下す人物の心証である。

だからこそ、検察は自ら起訴した被告は「有罪である」と決めつけ、そのために都合の良いストーリーをでっち上げ、その枠組みに「真実」を強引に、時には都合の悪い証拠を隠蔽し、被告を冤罪に陥れることすら厭わず、無理矢理にでもはめ込んでく。

本作は、そういう検察の危険性——というよりは、むしろ人間の認識そのものに宿命的に潜む欠陥の危険性を示唆しているのだと僕は考える。

監督を務めたのは、『ソルフェリーノの戦い』（２０１３）などデビュー以来、話題作を世に送り出してきた新進気鋭のフランス人女性ジュスティーヌ・トリエ。男女平等推進団体「Collectif 50/50」の委員でもあり、パルム・ドール受賞時にはマクロン大統領の年金制度改革・文化政策批判を展開したが、フランス映画界は特別に優遇されているため、「偽善だ」という批判も受けた。

本作はフランス国内で観客動員数１００万人を突破したパルム・ドール受賞作だが、それでもアカデミー国際長編映画賞のフランス代表から外されたのはこれが理由と囁かれている。

（２０２４年４月号）

第3章　宗教の闇、そして人間の原罪

ルーマニア映画
『汚れなき祈り』
原題『Byond The Hills』
第65回カンヌ国際映画祭脚本賞
2012年製作
155分

人間の究極の幸福は可視（消費）か、
あるいは不可視（信仰）の世界か

監督	クリスティアン・ムンジウ
脚本	クリスティアン・ムンジウ
音楽	
出演	コスミナ・ストラタン クリスティーナ・フルトゥル ヴァレリウ・アンドリウツァ

現代の物質主義・金銭主義社会では（特に日本社会においては）、神秘主義はもちろん神の存在にも拒否反応を示すのが常だが、神の信仰に生きる人々は現代でも多くいる。ヨハン・クリストフ・ブルームハルトというドイツのルター派の神学者・牧師は１８４２年、悪霊に取り憑かれて引き付けを起こした23歳のゴットフリート・ディトゥスという若い女性から、「イエスは勝利者である」との叫びと共に悪霊を追い出したという。この神癒を求めて多くの人がブルームハルトのもとに集まった。20世紀最大の神学者であるカール・バルトは、『19世紀プロテスタント神学』でこの出来事を〈神の力〉として肯定的に取り上げている。

そんな〈悪魔祓い〉〈悪魔払い〉は決して単なる怪しげなカルトとは言い切れない。

〈悪魔祓い〉をテーマにした本作は『４ヶ月、３週と２日』（２００７年）で第60回カンヌ国際映画祭においてパルム・ドールを受賞し、世界的に知られるようになったルーマニアの天才クリスチャン・ムンギウ監督の作品である。第65回カンヌ国際映画祭コンペティション部門でプレミア上映され、監督・脚本のムンギウが脚本賞、主演のコスミナ・ストラタンとクリスティーナ・フルトゥルの二人が女優賞を受賞した。

20世紀最大の悪は、世界中に恐怖政治をばら撒いた共産主義である。スターリン・毛沢東とその後継者の犯罪は、ヒトラーなどと比較にならないほどの惨禍を人類に一世紀近く与え続けた。その犠牲国の一つがルーマニアだ。１９４７年、ソ連軍の圧力の下でルーマニア人民共和国が成立してから、１９８９年にニコラエ・チャウシェスク独裁政権とともに崩壊するまで、ルーマニアでは40年に亘って共産主義が猛威を振るった。

このような体制下で20歳前半までの多感な時期を過ごしたムンギウ監督には〈自由〉に対する強烈な渇望があるのだろう。この過剰なまでに束縛を嫌う〈自由〉への希求から、〈悪魔祓い〉をテーマにした本作ではやや偏見を交えて宗教を糾弾したように思える。

人間は一人では生きていけない。大小様々な共同体に所属することで人間社会は成り立つ。しかし共同体は、それが国家であれ、企業であれ、信仰共同体であれ、そこに組織の掟が生じ、構成員の自由が束縛されることを必然として強いる。悪質な束縛は論外として、束縛があるからこそ反対に自由の意味があることも事実であり、現代の〈公と私〉の問題の本質がそこにあることも確かだ。

映画の舞台は、共産主義の禍根を残す貧しい村の丘の上にある東方正教の教会である。ドイツへの出稼ぎから一時帰国した女性アリーナは、修道女ヴォイキッツアの紹介で教会に身を寄せている。二人は孤児院出身の幼馴染だが、かつて同性愛の関係にあったことが窺われる。アリーナはヴォイキッツアを求めるが、いまや修道女となった彼女は同性愛に応えることができない。ヴォイキッツアは何とかアリーナを修道女として歩まそうとするが、アリーナは事あるごとに激しく司祭を攻撃して反抗する。ついに発作まで起こして病院に担ぎ込まれるが、治療代がないため追い出されてしまう。結局、アリーナは教会に引き取られることになるが、自由を束縛され、肉欲も満たされないまま、ただただ司祭や修道女に対して暴力を振るい、罵詈雑言を浴びせるばかりだった。

司祭はついに〈悪魔祓い〉を行うことを決意する。しかし、中世を彷彿させる強引なやり方は、ついにアリーナを死に至らしめてしまう。その遺体を受け取った病院の女医は「ここでお祈りはやめてちょうだい」と言うが、この近代科学以外の一切を信じない激しい言葉がムンギウ監督の思想を代弁しているのだろう。なお、儀式のために十字板に固定されたアリーナは十字架に張り付けられたイエスのパロディになっている。

教会の祈りや〈悪魔祓い〉の儀式で神の救いを求める一方、病院の医療行為で治療を求める自己矛盾など、物語が展開していくにつれて修道生活に疑問を持ち始めるヴォイキッツァの心境の変化が見事に描かれている。まさに彼女の心は「Beyond the Hills」（丘＝教会の向こう側）を目指していくのだ。

警察に過失致死容疑で連行された教会関係者が検事を待つバスのフロント窓に跳ねた汚い泥をワイパーが清掃する場面で突然暗転して終幕となるが、実に象徴的で心に刺さる。ハリウッドにない〈辺境映画〉の面白さがここにある。

（2013年5月号）

イギリス映画
『あなたを抱きしめる日まで』
原題『Philomena』
ヴェネツィア国際映画祭クィア獅子賞
2013年製作
98分

「イエスは言われた。あなたに言っておく。
七回どころか七の七十倍までも赦しなさい。」
——マタイによる福音書 18:22

監督	スティーヴン・フリアーズ
脚本	スティーヴ・クーガン
製作	スティーヴ・クーガン
音楽	アレクサンドル・デプラ
出演	ジュディ・デンチ
	スティーブ・クーガン
	ソフィ・ケネディ・クラーク

本作はマーティン・シックススミスのノンフィクション作品『The Lost Child of Philomena Lee』（フィロメナ・リーの失われた子）を原作としている。アカデミー賞作品賞・主演女優賞・脚色賞・作曲賞部門でノミネートされた作品である。僕の観点から言えば、この作品こそ作品賞を受賞すべきであったと考える。

カトリック界には反発があった様子で、ニューヨーク・ポストでのカイル・スミスの「カトリックへの悪質な攻撃である」という評価に対して、この映画のプロデューサーは紙面に全面広告を出して抗議した。この映画を「反カトリック」と決めつけるのがカトリック教会の正式見解とすれば、まさに自分自身が偽善と欺瞞の自己撞着に陥っており、この映画の描く修道院と同じ体質であることを露呈することになる。

この映画はヴェネツィア国際映画祭において金獅子賞を受賞した『マグダレンの祈り』（２００２）を彷彿させる。１９９６年までアイルランドに実在したマグダレン洗濯所施設で、カトリックの戒律に違反して婚外交渉した女性などを収容し、酷使していた実話に基いたものだ。

そして本作が描いているように、アイルランドの修道院では婚外交渉した女性に対して最も過酷な労働である洗濯（罪を洗う意味もある）を課して懲罰を加えるだけでなく、その私生児を米国の富豪に売り飛ばすという非道のシステムが存在したのである。

だからと言ってこの映画をアンチ・キリストと解釈するのは大きな間違いである。それどころか、この映画は本来のイエス・キリストの高邁な教えを讃歌しているのである。

問題は、どの社会にも存在する組織体の堕落である。人間が生きるために組織や社会は必ず必要である。しかし、組織ができるやいなやその組織は権力闘争や自己保身によって堕落が始まる。トロッキーはその処方箋として永久革命を説いた。キリスト教も宗教として存在する限り共同体組織が前提であるが、その組織は「罪人」による組織であり必ず堕落し、イエスの本来の意図とはかけ離れた悪の組織に変貌しかねないのである。

この映画の主人公フィロミナ（ジュディ・デンチ）は、若気の恋に陥って妊娠した後、実家から勘当されてアイルランド修道院に送られ、そこで私生児を出産する。罪深い女として修道院内で過酷な制裁を受け、あげくは大切な子供を奪い取られてしまう。それから彼女は奪い取られた息子に会いたい一心で50年間を過ごしていたのである。

その彼女の前に現れたのが、BBCキャスターから政府顧問にまでなったが、解雇されて失意のなかにあったジャーナリストであり、この映画の原作者でもあるマーティン・シックススミスであった。かつてはカトリック教徒であったが、いまは神など一切信じない無神論者である。

この二人が渡米して子供の行方を追いかけ、真実に肉薄する旅をする――というのが本作のストーリーである。キリスト者と懐疑主義者との応酬に加え、下層階級のフィロミナといわば世の成功者としての上流階級のマーティンの、何から何まで生活様式の異なる二人の不協和音がコミカルに描かれていて絶妙である。

フィロミナは、幾多の艱難にもかかわらず、神への愛を失わない。人を恨まず、人を憎まず、自分の受けた仕打ちへの復讐心などまるでない。一方のマーティンは社会正義に怒りを爆発させ、真実を暴くことに職業上の誇りをもつプロフェッショナルである。しかしフィロミナを通しての神の恵みが、次第にマーティンの職業的野心を、本来の人間としての優しさそれはキリスト的愛へと導いて行くのだ。

キリストの教えにおける〈赦し〉とは、人間にとって最も感情的に難しい問題だが、マーティンの正義の怒りに対して、悪の権化である元修道院長は一切謝罪せず、それどころかフィロミナ苦しみは当時のふしだらな罪の償いだと言い切るのである。そこに割って入ったフィロミナは〈私は貴女を赦します〉というのである。

それは、まさに彼女がキリスト者として修道院長に勝利した感動の場面だ。そんなキリストの溢れるような愛を讃えたフィロミナ役をこなすのがイギリスの名女優ジュディ・デンチであり、その演技はまさに神業とも言えるほどである。

（２０１４年５月号）

アメリカ映画
『スポットライト 世紀のスクープ』
原題『Spot Light』
第88回アカデミー賞作品賞・脚本賞
2015年製作
129分

組織としてのキリスト教の
偽善と欺瞞を暴く勇気を讃える

監督	トム・マッカーシー
脚本	ジョシュ・シンガー
製作	マイケル・シュガー
音楽	ハワード・ショア
出演	マーク・ラファロ
	マイケル・キートン
	レイチェル・マクアダムス

本年度アカデミー賞にて作品賞・脚本賞に輝いたこの作品は、政教分離のアメリカ社会とはいえ、教会という密室では社会的・精神的な専制権力であるカトリック教会の暗部・恥部を描いた作品である。

映画作品としては特に傑出したものはないが、ボストン・グローブ紙が自らの金主であるカトリック教会のスキャンダルを暴いた記者たちの勇気と正義が、この映画の受賞の理由であり、まさにアメリカの強さであることを痛感する。

絶えず戦争と飢饉に晒された人類が、今なら科学によって理解できる自然現象を、摩訶不思議と感じた古の時代、その暗黒のなかで救いを追い求めた宗教、それが未だに世界の多くの人々の精神生活に大きな影響を与えている現実がある。

さらに組織としての宗教をもって自らの存続の拠り所とする掟がある。聖職者に対して独身を強制し性愛を禁じるカトリックの矛盾が、聖職者によるいたいけな少年に対する変態的な性的暴行をもたらしているのは明らかである。

この忌まわしい吐き気を催す事実を述べる。ボストン・グローブ紙は２００２年１月、ボストン司教区の教区司祭ジョン・ゲーガン神父が、30年にわたるボストンの司祭生活の中で、延べ１３０人もの児童に対する性的暴行を行って訴訟を起こされたこと、またカトリック教会はゲーガンに対して何ら制裁をせず、異動だけで誤魔化してきたことを報道した（ゲーガン事件）。

責任者たるボストン大司教バーナード・フランシス・ロー枢機卿は、世論の厳しい批判を受け、2002年12月に辞任に追い込まれた。しかし、それでもなお当時教皇であったヨハネ・パウロ2世が、逃げるようにしてボストンからローマに逃走したロー枢機卿を2004年ローマのサンタ・マッジョーレ教会の最高ポストに任命して〈匿った〉という事実は、この時点でもローマは事件の重要さを認識していなかったというより隠蔽工作の共同謀議をし続けていたことを物語る。

ロー枢機卿の過去は暴かれ、同教区で類似の事件はゲーガンのみならずジェームズ・ポーターが1950～60年代に、少なくとも125人の子どもへの性的虐待を繰り返していたにもかかわらず教区内を転々とさせるだけであったということも明らかになった。

社会的責任を無視したカトリックに対して激怒した民意に沿ってニューヨーク・タイムズ紙は2003年1月、過去60年間で米国カトリック教会の1200人を超える聖職者が4000人以上の子供に性的虐待を加えたと報じた。

さらに2004年2月16日には米CNNテレビが1950年から2002年までの52年間で、神父4450人に性的虐待の疑いがあると報道し、件数は約1万1000件に上ると報じた。

聖職者の性的暴力を調査する機関「Bishop Accountability」（司教の責任）によると、２００７年12月までの段階で、全米４万２０００人の司祭のうち、約３０００人が性的虐待の疑いで弾劾された。

２００８年４月、教皇ベネディクト16世は訪米時に被害者達に面会して直接謝罪したが、聖職者の児童虐待は「アメリカ社会の堕落にも責任」があると屁理屈をこねた。２０１０年３月にはベネディクト16世自身が法王庁教理省長官たる枢機卿在任時に、虐待をしていた司祭の処分を故意に怠っていた疑惑がニューヨーク・タイムズによって報道されたが、法王は「くだらないゴシップ」と切り捨て、周辺の司教らは一連の性的虐待事件について「一部の者の過ち」とし続けており、「性的虐待はカトリックだけの問題ではない」「何者かの陰謀だ」と逆に居直ったのだ。

結局カトリックという組織は、その隠蔽による自己保身体質において、世俗のあらゆる組織と何ら変わりない体質があることがよくわかる。

それどころか日頃から奇麗事――平和や人権など口先で述べているが、思えばイエス生誕後２０００年の歴史において、キリスト教は人類の〈救済〉に何らかの貢献があったどころか、むしろ宗教組織がゆえの残虐・戦争・腐敗など人間の〈原罪〉を象徴してきたと言わざるを得ないのだ。

（２０１６年５月号）

フランス映画
『グレース・オブ・ゴッド 告発の時』
原題『Grâce à Dieu』
第 69 回ベルリン国際映画祭銀熊賞
2018 年製作
137 分

「『沈黙は次の犠牲者を生む』カトリック教会の聖職者から性被害を受けた信徒らが 21 日、「カトリック神父の性虐待を許さない会（仮称）」を設立し、長崎市内で集会を開いた。約 40 人の参加者を前に、被害信徒らが性暴力の実態や教会側の対応について報告した」――『毎日新聞』（2020 年 6 月 22 日）

監督	フランソワ・オゾン
脚本	フランソワ・オゾン
製作	エリック＆ニコラ・アルトメイヤー
音楽	エフゲニー＆サーシャ・ガルペリン
出演	メルヴィル・プポー
	ドゥニ・メノーシェ
	スワン・アルロー

カトリック聖職者の性犯罪を追及した映画には、２０１５年のアメリカ映画『スポットライト 世紀のスクープ』がある。カトリック教会の闇を暴いた記者たちの正義感と勇気を描いた作品だ。

２００２年1月、アメリカ東部の新聞ボストン・グローブ紙は、地元ボストンの数十人もの神父が児童へ性的虐待を長年続けたが、カトリック教会はその事実を組織的に隠蔽してきたという衝撃のスキャンダルを報道し、全米を震撼させた。特にボストン司教区のジョン・ゲーガン神父が30年間で延べ１３０人以上もの児童に性的虐待を行っていたことから、一連の事件は「ゲーガン事件」と呼ばれる。

だが、それでもカトリック教会は真正面から罪を認めなかった。たとえば、教皇ベネディクト16世は２００８年4月に訪米した際、被害者たちに面会して直接謝罪したが、「アメリカ社会の堕落にも責任」があると言い逃れた。米紙ニューヨークタイムズは２０１０年3月、ベネディクト16世自身が過去に児童虐待を行った司祭の処分を故意にサボタージュしていたという疑惑を報道したが、教皇は「くだらないゴシップ」と一蹴した。教皇周辺司教らも一連の性的虐待事件はあくまでも「一部の者の過ち」であり、「性的虐待はカトリックだけの問題ではない」「何者かの陰謀だ」などと居直っている。

結局、カトリック教会は組織防衛のためならば正義すら踏みにじる組織であり、世俗の国家やマフィア、暴力団組織と何ら変わりない体質があることがよくわかる。

さて、本作『グレース・オブ・ゴッド』は『スポットライト』のフランス版とも言うべき作品だ。２０１６年に一人の勇気ある告発者が名乗り出たことから明らかになり、フランスのみならずヨーロッパを震撼させた児童虐待事件「プレナ神父事件」を描いている。男女や同性愛を描く映画に秀でた感性の極致を演出するフランソワーズ・オゾン監督が従来の作風タッチを一変させた社会派のドラマである。さすが鬼才オゾンのストーリー展開は舌を巻くうまさがある。

『スポットライト』に比べて、本作のほうが人間劇として緻密でもあり、この犯罪によって少年時代のトラウマを抱えて生きてきた人々の、自分が「被害者」であると認めたくないという心理や内面の怒りを見事に描いているのだ。そして巨悪の組織カトリック教会の隠蔽工作と偽善と欺瞞に対する怒りで連帯する被害者団体、論理と正義感のフランス人の連帯の戦いには胸を打つものがある。

ベルナール・プレナ神父は１９７１年から91年にかけて80人以上の少年に性的虐待を加えた（プレナ神父事件）。神父は次から次へとあどけない少年をいたぶってきたが、その汚さの極致は、この犯罪神父や枢機卿が、いかにも事実を認めて、赦しと祈りで手打ちさせて自らの罪を誤魔化す手法だ。それにより、２０００年に及ぶこの組織の隠蔽工作の巧妙な手口が明らかになる。まさに偽善と欺瞞の巨塔たるカトリック教会が声高に喧伝する、キリスト教の〈赦し〉とは何なのか？　これこそ組織の保身術の茶番だとわかるだろう。

パリで神学を学んだ筆者は、現代フランス人で冠婚葬祭以外でキリストの教えに関わるキリスト者など一人もいないと思った。今時、フランスで聖職者を希望するのは、フランスの植民地として支配されていたアフリカ出身者だけである。

２０１４年にフランシスコ教皇の改革派の旗手として財務局長官に抜てきされたジョージ・ペル枢機卿は、１９９６年にメルボルンにあるセント・パトリック大聖堂内の部屋で聖歌隊の少年２人を性的に虐待したとして訴追され、帰国を余儀なくされた。裁判で控訴審を含め有罪判決が下されたが、２０２０年４月７日、予想に反してオーストラリアの最高裁判所が逆転無罪の判決を下した。

問題の本質は、カトリック教会の司祭の独身制と〈純潔〉を優越とみなす思想とも言える。聖職者が神の名において密室で無辜の男女を蹂躙するという何よりも悪質かつ卑劣極まりない犯罪だが、現教皇は〈サタンの仕業〉と悪魔に責任を転嫁するから驚きだ。

バチカンは、なりふり構わず信者集めとカネ集めのために中国共産党の習近平と蜜月を演じ、従来の非合法の地下教会を裏切ってまで、異端の共産主義イデオロギーと個人崇拝を強制する政教一致の独裁国家と手を打つ姿には驚きを禁じ得ない。（２０２０年９月号）

ポーランド映画
『聖なる犯罪者』
原題『Boze Ciało』
ポーランド映画賞作品賞
2019 年製作
116 分

エクス・オペレ・オペラートは、神父や受取人の功績に関係なく、秘跡（サクラメント）が有効になるとする教義。「為された業から」（ex opere operato）を意味するラテン語に由来する。事効説とも呼ばれる。

監督	ヤン・コマサ
脚本	マテウシュ・パツェヴィチュ
製作	レゼク・ボザック
音楽	エフゲニー＆サーシャ・ガルペリン
出演	バルトシュ・ビィエレニア
	アレクサンドラ・コニェチュナ
	エリーザ・リチェムブル

この映画を見る上では、ポーランドとローマ＝カトリック教会との強い結びつきを知っておくべきである。

ポーランドの初代国王ミエシュコ１世は、９６６年に国内のキリスト教国化の空気を読み取り、先手を打ってキリスト教徒であるボヘミア王の娘と結婚し、自らキリスト教徒となった。その後、ポーランドをローマ教皇庁に寄進して同国の安全を守った。

17世紀の反宗教改革の時代には、ポーランドのカトリック信仰は、プロイセンのプロテスタントとロシアのギリシア正教という東西二勢力の間で揺れた。いずれにも与しないのは、ポーランドの民族としてのアイデンティティであった。

ナチスの時代には、反ユダヤの面でカトリックが加担したことは否定できない。しかし、１９７８年にローマ法王となったポーランド出身のヨハネ＝パウロ２世は、ポーランド人に大きな勇気を与え、ポーランドが共産主義から離脱する〈連帯〉による民主化の動きを強めた。民主化をめぐり国論が分裂した際には、カトリック教会がソ連からの実質独立に大きな力を発揮することになる。

現在のポーランドは、秀逸映画産出国として世界の中で堂々たる地位を占めている。カトリックに因んだ名作も多く、本作には『尼僧ヨアンナ』へのこだわりを感じた。

『尼僧ヨアンナ』はポーランドの作家ヤロスワフ・イワシキエウィッチの原作をもとに、

『影』のイェジー・カワレロウィッチ監督がタデウシュ・コンヴィツキと共同で脚色・演出した異色作だ。撮影は巨匠アンジェイ・ワイダの『灰とダイヤモンド』のイェジー・ウォイチックだ。

モノクロフィルムの使用で聖なる〈陰翳礼讃〉の雰囲気へのオマージュがあると僕は見た。悪魔をテーマにした修道僧たち、男性院長、罪の意識からマゾヒズムそして陶酔、悪魔願望と殺人など、あるポーランドの村を舞台にした秀逸作だ。

さて、過去を偽って聖職者として生きる男の運命を描く本作は、前述の歴史的名作を意識しつつ、実際の事件を基に見事な逆説映画を作ったと僕は感じるのだ。鬼才ヤン・コマサ監督と脚本を手掛けたマテウシュ・パツェビチュの作品だ。

主人公は、かつて殺人を犯した罪で少年院で服役している。その最中にカトリックの司祭のもとで秘蹟（sacramentum）に関する基礎知識を持ち実行している。神学校に進みたいが前科者は無理と言われるも諦めきれず、仮釈放後に勤める材木工場の近くにある教会に紛れ込む。

アル中の神父が治療で留守にした教会をあずかり、司祭に成りすます。教会はバスの大事故で大勢が死んだ町にある。事故の被害者と加害者の対立など、憎しみの町でもあった。そのなかで青年は、現代にマッチした見事な説教と音楽・ダンスを取り入れたリズム感のある司祭として町民の心を捉え人望を集め、被害者と加害者の対立には、カトリックの真髄である〈赦し〉の精神でまとめていくのだ。

俗世の誘惑にも躊躇せず応える生臭さも、彼の神秘的・修道僧的風貌（ポーランド期待の星の男優バルトシュ・ビィエレニア。こけた頬、角張った額、そして落ち窪んだ眼窩、澄み切った瞳、をもつシェイクスピア劇舞台を踏んだ経験が迫力を！）が悪魔か聖人かとのアンチテーゼをアウフヘーベンして、人間聖化への過程といえるものだ。

成りすましが暴露され、体中の刺青を露わにした前代未聞のミサで取り押さえられ、少年院に連れ戻されるが、そこで遭遇するのはまさにリンチ暴力であり、イエス・キリストの受難が重ね合わされるのだ。そんな受難の中で彼のイエス・キリスト化、つまり聖化が深められるように彼の目は美しく希望に輝くのだった。

あの神父だけには結婚式の司祭はさせたくないという信者の願望は当然あるだろう。カトリックには神父（性的変態行為者を含む凶悪犯罪者であっても）の行う秘蹟は有効だという、「エクス・オペレ・オペラート」（EX OPERE OPERATO）という教義がある（事効説）。秘蹟は象徴行為としてのイエス自身の代理行為だとこじつける。これも映画の解釈として可能だろう。

（２０２１年3月号）

イギリス映画
『ベルファスト』
原題『Belfast』
アカデミー賞脚本賞
2021 年製作
98 分

「故郷を離れる時、そこには喪失がある。
辛いが、そこから美しい何かが生まれることもある。
人生とは、そういうものだ」
――ケネス・ブラナー監督

監督	ケネス・ブラナー
脚本	ケネス・ブラナー
製作	ケネス・ブラナー
音楽	ヴァン・モリソン
出演	ジュード・ヒル
	カトリーナ・バルフ
	ジェイミー・ドーナン

いまロシアとウクライナの間に戦争が起きている。引き裂かれた兄弟とも言えるスラブ民族同士の諍《いさか》いだ。ロシアは腕力にまかせてウクライナに侵略した。そして、婦女子を含め、同じスラブの兄弟を無差別に攻撃して殺戮している。

本作では1960年代後半に始まった北アイルランド紛争のことが描かれている。カトリックとプロテスタントが憎しみの果てにお互いを殺し合ったこの紛争は、いまロシアとウクライナの間で起きている戦争と比べても、その残虐さにおいて引けを取らない。

元来宗教は平和を祈るべきものであって、憎しみを掻き立てるものではないはずだ。しかし、あの血なまぐさい2000年にもわたる歴史を見れば、宗教こそがすべての戦争の原因だと言っても過言ではないだろう。宗教こそが悪の根源だと言っても……。

本作の監督であるサー・ケネス・ブラナーは、1969年、9歳の時に生まれ故郷の北アイルランド最大の都市ベルファストからイングランドのレディングに移住している。宗教対立紛争が始まったためであった。彼がその後、故郷に戻ったのは40年以上の歳月が経った2011年であった。

少年時代のケネス・ブラナーは、レディングに移住するという父に母とともに反対したそうである。以来、彼は常に故郷を懐かしんでいた。故郷には人間として、家族として、他人には理解できないほどの愛着がある。彼にとって引き裂かれたという思いがある故郷との別離は、彼の心に棘として残り続けた。
それから40年以上の月日が流れ、ケネス・ブラナーは自伝的な本作で、宗教戦争下での家族愛の物語や故郷への郷愁を描き、彼自身の心に刺さり続けた棘を取り除いたのである。

本作の主人公であるバディは、住民のほとんどが顔なじみの街ベルファストで生まれ育った。父はイングランドに出稼ぎに行っているため、母と貧しい中に暮らしているバディだが、母の愛に包まれて穏やかに暮らす。だが、ベルファストの街は突如として宗教対立を基にした暴力の渦に巻き込まれていく。

少年時代の寂しさやほろ苦い初恋の思い出、そして惨劇と混乱。これらをフランスの哲学者ロラン・バルトは著作『明るい部屋』（１９８５）で、こう述べている。
「私を突き刺したいくつかの映像を残らず思い浮かべてみた。それらの映像のどれを取っても、間違いなく私は、そこに写っているものの非現実性を飛び越え、狂ったようにその情景、その映像の中に入っていって、すでに死んでしまったもの、まさに死なんとしているものを腕に抱きしめたのだ」

この心情こそ、ブラナーが本作にかけた思いだったと推察する。
悪夢のような非現実的な少年期の〈悪い思い出〉が、歳月が過ぎた今だからこそ〈良い思い出〉として蘇ってくる――そういう人間の記憶、そして心の様子が見事なタッチで描かれている。これこそがブラマーの真骨頂だ。

化学兵器や核兵器が使用されるかもしれないという危機感の中に暮らすウクライナ国民の受難を思う時、観る者に家族の愛の絆をこれほど感じさせる映画も他になかろう。隣人愛としてのウクライナ国民への連帯感にとどまらず、ロシアで暴君の犠牲になりながら、命を賭して生きる誠意や善意に満ちた家族への連帯感がそこはかとなく感じられる。〈力こそ正義〉と信じて権力を恣《ほしいまま》にする暴君たち。世界はまさに野蛮な時代に回帰したように思える今、エモーショナルでセンチメンタルな愛の形を描き出すサー・ケネス・ブラナーの世界観にますます敬意と好感が持てるのだ。

本作がゴールデン・グローブ賞に続き、アカデミー賞脚本賞に輝いたことに、僕はとても納得している。

（２０２２年５月号）

カナダ映画
『灼熱の魂』
原題『Incendies』
トロント国際映画祭最優秀カナダ映画賞
2010年製作
131分

「光よ！これがお前の見納めだ、生れるべきにあらざる人から生れ、交わるべきにあらざる人と交わり、流してはならぬ人の血を流した呪うべき人間、それがこの俺なのだ！」

——『オイディプス王』（福田恆存訳）

監督　ドゥニ・ヴィルヌーヴ
脚本　ドゥニ・ヴィルヌーヴ
製作　リュック・デリ
音楽　グレゴワール・エッツェル
出演　ルブナ・アザバル
　　　メリッサ・デゾルモー＝プーラン
　　　マクシム・ゴーデット

本作はレバノン生まれでカナダ・ケベック州に移住した劇作家ワジディ・ムアワッドの戯曲『焼け焦げるたましい（原題：Incendies ＝火事）』（２００３）の映画化だ。鬼才ドゥニ・ヴィルヌーヴが脚本と監督を務めた。彼の作品は他にも『プリズナーズ』『複製された男』『ボーダーライン』『メッセージ』『ブレードランナー２０４９』『DUNE／デューン 砂の惑星』など多数ある。

本作は２０１０年に日本でも公開されたが、最近デジタル・マスター化されて再度公開された。簡単にストーリーをネットから引用したい。

《ケベック州に住む双子の姉弟ジャンヌとシモンは、亡くなった母親ナワルからの遺言を受け、未だ見ぬ彼らの父親と兄の存在を知る。そして遺言によりジャンヌは父親への手紙を、シモンは兄への手紙を託され、二人は中東の母親の故郷へ初めて足を踏み入れる……》

この映画ではケベック訛りのフランス語が話され、全編を通してその発音のアクの強さが響く。やがて物語は衝撃的な展開になっていくが、ギリシャ悲劇の傑作『オイディプス』を知っているならば、「なるほど」と連想させせられるだろう。

物語の背景はレバノン内戦だ。１９７５年4月13日、レバノンのキリスト教勢力（マロン派）とパレスチナ解放機構（ＰＬＯ）を主力としたアラブ人との衝突から内戦が勃発した。マロン派の民兵ファランジストが、ベイルート周辺のパレスチナ難民を襲撃して非戦闘員を含む多数を殺害した残虐行為が発端となり、復讐の連鎖が始まってしまったのだ。

そこにイスラーム教シーア派の武装民兵組織ヒズボラ（神の党）も絡み、シリアやイスラエルまで介入して泥沼化した。内戦は国際的紛争となり、1990年まで約15年にわたって続き、レバノンを荒廃させた。

かつて〈中東のパリ〉と呼ばれたベイルートは、未だに治安も悪く、昔の〈パリ〉の面影はない。複雑な民族対立と宗教対立が基本にあるから、これからの見通しも暗い。

同じ旧約聖書を基とする三大宗教間の殺戮は内ゲバ外ゲバ含め、人類史上、イエスの磔刑から2000年以上続いている。残酷で悲惨な人類の歴史は、宗教に起因するものがほとんどだ！

共産主義もその独裁性が偶像崇拝のオカルト性につながるという意味で宗教と同列だから、世界の醜い戦争の原因は全て、これらのオカルト集団の争いと断定しても間違いではないだろう。

本来、イエスによる新約聖書の思想は〈汝の敵を愛せ〉や〈隣人愛〉がその特徴であり、〈やられたらやり返す〉復讐の連鎖を、イエスの〈愛〉の思想により阻止するというキリスト教の〈逆転の発想〉がある。

もちろん旧約聖書にも〈復讐するは、我にあり〉、つまり〈復讐するのは神であって、神に任せなさい。当事者はそれをやってはいけません〉との規定はあるが、キリスト教以外の三大宗教では、復讐は当事者に許されているように解釈される。

しかし、この映画の驚愕すべき展開は、そのようなイエスの非現実的楽観論では決してない。安易な偽善に過ぎない〈キリスト教的恵みの世界〉などには触れもしない。

謎めいた母親の遺言。その謎解きに兄と妹はレバノンに赴くが、調べるうちに明らかになる驚くべき事実、それは残酷で地獄のような現実であり、そして同時にその事実を受け入れることこそ和解と希望の展開を含んでいた。

キリスト教徒だった母親の、それはオイディプスのように自分で自分の目を潰すことで罪を悔いるでもない、キリスト教の説く〈愛と赦し〉でもない、残された遺族への止揚(aufheben)というべき、未来への希望の遺言であったのだ。

感動した映画のエンド・ロールでは呆然と席を立たずに座り、余韻を楽しむのが常の僕は、この映画に涙ながらの感動にて応えたのだ。

（２０２２年10月号）

アイルランド・イギリス・アメリカ映画
『イニシェエリン島の精霊』
原題『The Banshees of Inisherin』
第80回ゴールデングローブ賞作品賞
2023年制作
124分

「自分はイギリス人だ、いやアイルランド人だとか言い張るような気はしない。だって、実際そのどちらかとは思わないからだ。言い換えれば、当然、僕はそのどちらでもあるから」

——マーティン・マクドナー監督

監督	マーティン・マクドナー
脚本	マーティン・マクドナー
製作	グレアム・ブロードベント
音楽	カーター・バーウェル
出演	コリン・ファレル
	ブレンダン・グリーソン
	ケリー・コンドン

本作の舞台は、アイルランドの孤島イニシェリン島。北アイルランド紛争が続く1923年、内戦の最中で島民全員が顔見知りのこの小さな島で起きる出来事を描いている。

監督は鬼才マーティン・マクドナー。彼は5年前、僕を心の底から揺さぶる感動で満たしてくれた『スリー・ビルボード』の脚本・演出家だ。同作品は2017年のヴェネチア国際映画祭で脚本賞、トロント国際映画祭で最高賞となる観客賞、さらにアカデミー賞で主演女優賞、助演男優賞を受賞した傑作だ。

この監督の特徴は〈ブラック・ユーモア〉にあると言われているが、日本人にはその意味が分かりにくいだろう。ただ、僕はカトリック神学を「マスター・オブ・テオロジー」（神学修士）程度まで修得したので、彼がカトリック系の学校教育を通じてその影響を受けているということがわかる。

本作のあらすじはこうだ。

「気のいい男パードリックは長年友情を育んできたはずだった友人コルムに突然の絶縁を告げられる。急な出来事に動揺を隠せないパードリックだったが、理由はわからない。（中略）ついにコルムから『これ以上自分に関わると自分の指を切り落とす』と恐ろしい宣言をされる。（中略）その先には誰もが想像しえなかった衝撃的な結末が待っていた……」（公

式HPより抜粋）

この物語の背景には、普通の人間にはほとんど理解不能な宗教戦争がある。北アイルランド紛争ではイギリスとアイルランドの間で戦争が起こり、カトリック住民が多い南アイルランドがイギリスから独立する一方、プロテスタント住民が多い北アイルランドはイギリス領に留まった。

しかし、北アイルランド内でもプロテスタントとカトリックの対立は続いた。ここには、同じ新約聖書を信仰するキリスト教徒でありながら、解釈論の違いから、お互いに〈正義の錦〉をかざした〈二つの悪〉による戦争の残虐さがある。

正義が自己正当化の道具として使われ、独善や陶酔に向かう時ほど危険なものはない。その結果、人間は理解不能、不可解な生き物となる。

この状況では相手に共感するとかしないとか、相手の言動が当然とか意外とか、そういう人間を評価する価値基準そのものが存在しなくなる。そこにあるのは、ただアンビバレントな感情だけだ。

だからこそ、本作でコルムはかつて友人だったパードリックを突然突き放し、最終的には「自分の指を切り落とす」と一方的に最後通牒を突きつけて絶縁するのだ！

そもそもキリスト教の理想的人間像とは、羊飼いに従順な羊のような人間、すなわち他者に盲目的に付き従う反知性的な人間の群だ。禁断の果実を食べたエヴァは、まさに知識と知恵を求めたという事実によって、アダムとともに楽園から追放された。ここに、キリスト教の反知性主義が象徴されている。

羊といえば、本作の登場人物はやたらと犬やロバを愛でるが、その姿は旧約聖書が描く〈ノアの方舟〉を連想させる。この神話では人間と動物が同じように救われるため、最近では人間と動物を平等に扱う動物愛護の物語として解釈されている。

しかし当時の世界観では、動物は人間の食材あるいは便利な道具にすぎず、動物愛護などという現代的な思想は一切存在しない。このように、時代によって都合よく聖書を捻じ曲げて世論に迎合するのも、キリスト教の反知性主義の特徴である。

監督は本作を通じて、反知性としての〈人間の愛〉が必要なのだと、自嘲気味に主張している。この逆説的な愛への賛美には、ある日突然プッツンと切れる人間同士の絆の虚しさ、人間の知性では定義できない愛の不可解さをどうすることもできないまま、ただ「人間を愛しなさい」と念仏のように唱えるしかないのがキリスト教だ、というブラック・ユーモアが込められているのかもしれない。

同じアイルランド人同士の殺し合いは何年続いたか？

（2023年2月号）

アメリカ映画
『ウーマン・トーキング 私たちの選択』
原題『Women Talking』
第95回アカデミー賞脚色賞
2022年製作
105分

「たとえ世界で一番独善的な監督が手がけたものであっても、映画は常に共同作業から生まれるものです」
——サラ・ポーリー監督

監督	サラ・ポーリー
脚本	サラ・ポーリー
製作	デデ・ガードナー
音楽	ヒドゥル・グドナドッティル
出演	ルーニー・マーラ
	クレア・フォイ
	ジェシー・バックリー

本作は、２０１８年に発売されてベストセラーとなったカナダの女性作家ミリアム・トウズの小説『Women Talking』を映画化したものだ。キリスト教の一派メノナイトの村落で女性たちが相次いでレイプされるという、ボリビアで２０００年代に起きた実際の事件を題材にしている。

メノナイト（Mennonite：メノー派）は、オランダの牧師メノ・シモンズの名前に因んで名付けられたキリスト教再洗礼派（アナバプテスト）の教派である。ブレザレン、クエーカーと共に歴史的平和教会の一つに数えられ、暴力を使わない抵抗と融和および平和主義のために行動している。

その教派の村落で、男性たちが薬剤で女性たちを昏倒させて集団レイプを繰り返していたのだ。女性たちは「何者かに乱暴された」と被害を訴えるも、男性たちから「悪魔の仕業」「作り話」などと否定されていたが、やがて事実を知ることになる。

まったく、21世紀初頭にこんな女性蔑視の限りを尽くした村落が存在したとは！

タイムトラベルで２０００年前に舞い戻ったかのような、この信じがたい事件を題材にした本作は、女性たちの訴えによって男性たちが逮捕されて拘留されている2日間に、被害者たちが今後どうするかを話し合い、決断する模様を描いている。薄暗い馬小屋で女性たちが討論を行う姿は、映画でありながら徐々に舞台劇の様相を呈していく。

女性たちの意見は分かれる。キリスト教の教えに従って赦しを主張するか、それを真っ向から否定して男たちと徹底的に戦うか、あるいは子供たちの未来を考えて村を去るか——こうして議論が積み上げられ、最終的な結論が出される。

女性は男性に比べて、感情的資質の振幅は大だ。母性愛という責任感も強い。そんな女性たちの猛り狂う怒涛のような感情と、ふと訪れる静寂のような〈赦し〉が振り子のように描かれる。

僕のような神学を学んだ懐疑論者としては、キリスト教の〈赦し〉に対する否定的なこだわりから、メノナイトの非暴力や平和主義こそがキリスト教の偽善と欺瞞の根っこにある事実を思わざるをえないが、この舞台劇には最高の知的好奇心を刺激されたものだ！こういう映画、すなわち宗教を軸に教育や男女差別、フェミニズムやジェンダーなどの根源的問題を描く映画こそ人間社会の本質に迫るものだ。

本作には『ナイトメア・アリー』のルーニー・マーラ、『ファーゴ』『スリー・ビルボード』『ノマドランド』で3度のアカデミー賞主演女優賞に輝いたフランシス・マクドーマンド、『蜘蛛の巣を払う女』のクレア・フォイ、『MEN 同じ顔の男たち』のジェシー・バックリー、『007』シリーズのQ役でおなじみのベン・ウィショーら豪華キャストが参加。

特に「〝赦し〟は信仰」という〈静寂〉を象徴する主人公役に挑戦したマクドーマンドの演技は素晴らしく、実質的に唯一の男性登場人物として愛と真心を訥々と語るウィショーの演技も燻し銀のように光る。

そんな彼らの熱演を撮影したのは、『アウェイ・フロム・ハー　君を想う』『テイク・ディス・ワルツ』を手掛けた元女優の監督・脚本家のサラ・ポーリー。コロナの最中に合宿で撮影されたことから女優たちの息はピタリと合い、演技の迫力は類がないほどだ。僕は「この映画こそ今年度の映画・脚本・監督賞の最有力候補だ！」と宣言していたが、残念ながら今年度の受賞はアジア・パワーの俗悪な映画が独り占めしてしまった。

ポーリー監督はこう語る。

「これほどまでの女性たちの団結した強靭さを私は今まで見たことがありません。ひとつになった時の彼女たちの力はとても強いものでした」

彼女自身が10代で性被害に遭遇したが当時は告発できず、大人になってからエッセーでその事実を告白した体験があるだけに、この言葉の重みが感じられる映画の説得力だ。

（2023年6月号）

「善人だか悪人だか分からないやうな、表面だけ見ると立派な善人で、然も一面大悪人であるといふやうな性格をかいて見たら面白いだらうと思ふ」（シェイクスピア『オセロー』を見て、登場人物のイヤーゴに感動して）—— 夏目漱石

監督	F・I・チャンパ
脚本	ウィリアム・シェイクスピア
音楽	ジュゼッペ・ヴェルディ
指揮	F・I・チャンパ
出演	ファビオ・サルトーリ クリストファー・モルトマン エレオノーラ・ブラット

イギリスの大文豪シェイクスピアの傑作にして、『ハムレット』『マクベス』『リア王』とともに「四大悲劇」に数えられる名作『オセロ』（Othello）に、イタリアの作曲家ジュゼッペ・ヴェルディが7年の歳月をかけて編曲した『オテロ』（Otello）は、イタリア・オペラの頂点と呼ばれている。そのフィナーレを飾るのは、かの美しきアメリカのソプラノ歌手マリア・カラスが歌い上げた「柳の歌」と「アヴェ・マリア」である。あの歌声には涙を誘われた読者も多いことだろう。

この歴史的オペラ作品が今秋、ドイツ・ミュンヘンの歴史的に名高いバイエルン国立歌劇場で公演されていた。その貴重なチケットが、ヨーロッパ旅行中に偶然手に入り、11月８日に観劇する幸運を得た。今回は映画ではなく、この小説とオペラについて論じてみたい。

もともと西洋では古代のギリシャ・ローマ時代に人間性を謳歌する古典文化が花開いたが、中世には人間性を否定し、ひたすら神の栄光を讃えるキリスト教文化に席巻された。その反動で近世にはギリシャ・ローマ文化（グレコ・ローマン芸術）に回帰するルネサンス運動が起こり、あらゆる芸術分野で人間性の再生が行われた。このルネサンスの精神は、近世の作家シェイクスピアにも、近代の作曲家ヴェルディにも受け継がれている。

そもそもシェクスピアという劇作家は、世界史上に露見した人間の本性を鋭く抉り出した偉大な歴史家にして思想家であり、その作品は動物的な情欲にひきずり回され、悪魔的な嫉妬に掻き乱され、どんなに卑劣な行為もやってのけるかと思えば、真に人間的な正義感や勇気に突き動かされ、神々しい自己犠牲の精神を発揮するが、いずれにせよ悲劇という結末に至らざるを得ない人間の本質や本性、運命や宿業を縦横無尽に描き出している、と僕は考えている。

その意味で、シェイクスピアの精神は非人間的な理想を賢しらに掲げる聖書の思想ではなく、矛盾に満ちた人間という存在そのものを抱きしめるギリシャ悲劇の思想に連なるものだと言えるだろう。

シェイクスピアもギリシャ悲劇の作家たちも、キリスト教の陰湿な偽善とは無縁の、明朗かつ快活な正義感の持ち主だと断言できる。そんなシェイクスピアの『オセロ』は、人間の愛憎を描き切った名作だ。ヴェニスの黒人将軍オセロは白人の妻デズデモーナと愛し合っていたが、部下イアーゴーの奸計によって妻の不義を疑い、嫉妬に狂って無実の妻を殺してしまう。その後、真実を知ったオセロは絶望して自殺を遂げる。

愛憎と信疑は表裏一体であり、愛や信頼が大きければ大きいほど憎しみや疑念も大きくなる。相手を愛すれば愛するほど、相手を殺すほどの憎しみに囚われやすくなり、それゆえ悪魔に付け入る隙を与えてしまう。悪魔の囁きを「まさかそんなことはあるまい」と否定すればするほど、その疑念に取り憑かれていく。ちょっとしたきっかけで疑念の種さえ植え付ければ、あとは勝手に芽吹いて愛や信頼を栄養とし、憎しみや不信の大樹に育っていくのだ。

この人間愛の脆さを描いた文学作品は、その悲しみを歌い上げるオペラ作品『オテロ』によって、さらなる次元に昇華されている。夫に殺される運命を直感しながらも、夫に殺されることによって永遠に夫の物となろうとするデズデモーナの畏れと美しさを、オペラでは彼女が歌い上げる「柳の歌」と「アヴェ・マリア」によって、我々はこの耳に聞くことができるのである。人間にとって永遠の世界とは、死の世界の他にない。オセロとデズデモーナの愛は、夫が妻を殺し、夫が自らを殺すことで初めて永遠のものとなるのだ！

『オテロ』では、こうしたシェイクスピア悲劇が無神論の立場からさらに掘り下げられている。ヴェルディは原作にはないイアーゴーの独白を追加し、「無慈悲な神の命ずるままに」というアリアで「俺は信じる、ご自身に似せて俺を創り給うた無慈悲な神を」「そして人間はみな邪悪な運命の玩具なのだ」と高らかに歌わせている。

ヴェルディはイアーゴーの悪に惚れ込み、キリスト教を否定してグレコ・ローマン賛歌を作曲し、無慈悲な神を否定して邪悪な運命に翻弄される人間の賛美歌を編曲したのだ！

僕のオテロ観はそこに尽きるのである。

（２０２４年１月号）

第４章　現実に存在する崇高な人間愛

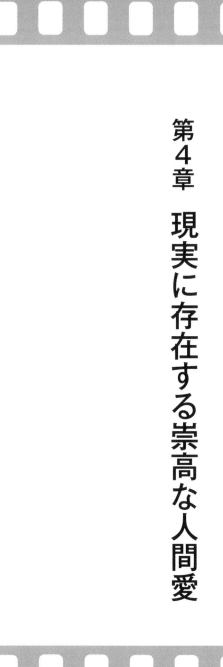

ボスニア・ヘルツェゴビナ映画
『サラエボの花』
原題『Grbavica』
第56回ベルリン国際映画祭金熊賞
2006年製作
95分

ユーゴスラビア崩壊の悲劇と融和への道

監督	ヤスミラ・ジュバニッチ
脚本	ヤスミラ・ジュバニッチ
製作	バーバラ・アルバート
音楽	エネス・ズラタル
出演	ミリャナ・カラノヴィッチ
	ルナ・ミヨヴィッチ
	レオン・ルチェフ

僕は２００７年夏、旧ユーゴスラビアのクロアチア、スロベニア、モンテネグロなどを訪問した。民族紛争の後遺症は、内乱による傷跡の大小によりけりだとわかる。他の民族国家との相違は、旧ユーゴスラビア内の民族は血統や言語をほぼ同じくする点であり、民族の差異は宗教や歴史的経緯によるものが多い点である。この点で日本やチベットや蒙古など単一民族の民族主義と同次元で考えてはならない事情がある。

そのカリスマ性によってユーゴスラビアの統一をもたらし維持してきたチトー大統領自身は父親がクロアチア人、母親がスロベニア人であり、セルビア人ではなかった。それがゆえに首都ベオグラードを中心とするセルビア地域に配慮しつつ、見事な宥和、懐柔政策で統治を行った。死後の分裂、内乱を予測するかのように、秘密警察により統一を乱す民族主義的な排外主義に徹底的な弾圧を加える一方、言論の自由をある程度許容した。僕が訪問した諸国でもチトーの悪口を言う者は少なく、そのカリスマ的独裁政治こそが、かかる共和国の均衡と安定を維持したのだと理解できる。チトーと同様に強権でイラクの多民族を抑えたフセイン大統領の治世がどういうものだったか、比較研究すると面白いだろう。

さて案の定、チトーの死後、ユーゴスラビアの統一は維持できなくなる。この映画の描くボスニア・ヘルツェゴビナ共和国では、１９９２年にユーゴスラビアから独立するや否や、イスラム教徒のボシュニャク人（48％）、カトリック教徒のクロアチア人（14％）、東方正教会のセルビア人（37％）の間で内戦（ボスニア・ヘルツェゴビナ紛争）が勃発した。その後、１９９４年にはＮＡＴＯによる制裁空爆を経て、１９９５年に国際連合の調停で和平に調印（デイトン和平合意）し、やっと平和がもたらされたのである。

本作の原題はグルバヴィッツァ（Grbavica）という地名であり、同地区において約９０００人の市民が虐殺された、まさに「民族浄化」の地であった。サッカー日本代表監督を務めたイビチャ・オシム氏はこの地域の生まれである。セルビア人の人種的優性主義者がボスニア地区解放という名目で、住民女性に対する集団暴行を組織的、計画的に繰り返し、「セルビア人優性遺伝」を植え付けるため堕胎さえも阻止したおぞましい歴史がある。いまから約15年前にこれほど残酷で野蛮な現実が世界の片隅で行われたのである。

この映画は、ボスニア紛争終結から12年経ち、セルビア人による暴行で生まれた娘と、深い心の傷を負った母親との愛と憎悪と和解の物語である。２００６年ベルリン国際映画祭金熊賞を受賞した。全編やりどころのない閉塞感と息苦しさを感じるが、最後に救いのある映画である。多感な20代前後にサラエボに生まれこの内乱を経験した女流監督ヤスミラ・ジュバニッチの作品である。女流監督だけに、母と娘の描き方が極めてこまやかであり、残酷な回想場面など一切ないが、その何気ないやり取りの中で母親の暗い過去のトラウマを場面、場面で表情や動作で描き出しているのが、却ってリアリティがある。母親の消すことのできないトラウマ、その心の襞を描き出し、観客に伝える見事な手法といえる。

修学旅行の旅費捻出に借金など一生懸命に努力する母親の愛、それを察知し、父親が殉教者であると信じて疑わない娘は、父の死亡証明書があれば旅費が軽減される旨を母親に督促する。追い詰められた母親はついに残酷な真実を暴露してしまうのである。

暴行者セルビア人との混血であると半狂乱になる娘、傷に塩を摺り込むような同級生の苛め、丸坊主に髪を剃り上げる娘、そして拳銃、と、最悪の悲劇を予感し観客は呆然としてしまう。悲劇は、しかしながら起こらなかった。娘はボーイフレンドの同級生との初体験を通じて現実を直視、歴史を超越して前向きに生きる決意をするのである。修学旅行のバスに乗り込み、心配そうに見送る母へ手を挙げた。吹っ切れたような優しい笑顔でそれに応える母。そこには未来へと強く生きようとする勇気ある２人の母娘の姿があった。

彼は大地の子　自分の街を愛する　どこに行っても君を夢見る／すべての道は　君に通じる　輝く光を見ようと　待ちわびる／サラエボ　僕の愛　君の歌を　みんなに歌おう／僕の夢を　君に伝えたい　僕の喜び　君の幸せ　サラエボ　僕の愛
それにしても、セルビア人女優ミリャナ・カラノヴィッチの演じる母とオーディションで選ばれたサラエボ生まれのルナ・ミヨヴィッチの演技が民族融和を象徴するかのように見事である。

（２００８年２月号）

アメリカ映画
『グラン・トリノ』
原題『Gran Trino』
第33回 日本アカデミー賞外国作品賞
2008年製作
117分

パクス・アメリカーナの偽善と欺瞞を
この映画で感じ取れ

監督	クリント・イーストウッド
脚本	ニック・シェンク
製作	クリント・イーストウッド
音楽	カイル・イーストウッド
出演	クリント・イーストウッド
	ビー・ヴァン
	アーニー・ハー

『ミリオンダラー・ベイビー』以来、４年ぶりにクリント・イーストウッドが監督兼主演を務め、これを最後に今後は監督業に専念すると宣言した。

題名のグラン・トリノとはフォードの車種フォード・トリノのうち、１９７２年から１９７６年に生産されたものである。この映画では、復員後に自動車整備工として勤めた主人公が、その思い出を込めながらピカピカに磨き宝物のように保存し、時代に迎合せず、日本車ブームに乗らず、思い出と愛国心を籠めている象徴的なものとして登場する。

ポーランド系アメリカ人として朝鮮戦争に従軍し、自動車工として定年となったウォルト・コワルスキー（クリント・イーストウッド）は最愛の妻を失った。その葬儀からこの映画は始まる。二人の息子はホワイト・カラーであり、彼はその一家とはそりが合わない。また息子夫婦も親を養老院に送り、そのわずかな財産だけを狙っている。一人になったウォルトは毎日ベランダで愛犬とともに決まった銘柄のビールを飲んで、月一回イタリア系の床屋で言いたい放題発散して過ごす孤独な毎日である。その頑なな心は、妻の遺言で夫の様子を見ていてほしいと頼まれた子供のような神父をも蛇蝎のように遠ざける。

自宅の周りはアジア系に占拠され、白人は家を売って去っていくのだが、ウォルトは頑固な変人として留まっている。アジア人が芝生に無頓着で手入れしないことに怒り、自分の手入れした芝生に土足で入るなと怒鳴りまくる毎日である。そんな偏屈なウォルトは、モン族の不良集団に脅され自動車泥棒としてガレージに入りこんだ隣家の内気な少年タオ（ビー・バン）の移民一家との予期せぬ交流から、自己の差別意識や過去のトラウマと葛藤しつつ、愛に満ちた人生最後の決着（落とし前）へと映画は感動的なラストへと向かう。

ついでに戦後日本人は復讐心がなくなり、原爆問題、東京無差別空襲、拉致問題に対して復讐の怒りを忘れてしまっている。キリスト教という宗教は〝復讐は神に任せよ〟と言っているが、そのこと自体復讐を是認していることの表れである。能天気で偽善の塊の日本の映画観客は、たぶんこの決着を非暴力などと勝手に解釈しているのではないだろうか！とんだ曲解といえよう！神父が復讐を示唆している場面を注意深く見よ。

クリント・イーストウッドの映画の中心には、これぞ男の中の男らしさ、そして頑固で取っ付きにくいが、人間としての〝絶対的〟価値を体現する正義漢が存在する。この映画も例外ではなく、最後の決着は意外性もあり感動的である。どんな観客も涙をこらえきれないであろう。エンドロールでクリント自作自演の歌が流れる。そしてそのサントラと字幕、映画の感動を反芻して誰一人として立ち上がる者はいない。

上記のような映画解説がまず真っ当なものであろう。しかしこの映画からは、イーストウッドが意図したとは思えないが、アメリカが常に民族紛争に介入して悲劇を生んできたその姿を読み取るべきではないだろうか！アメリカの押し付けがましい薄っぺらい民主主義、その裏には毒牙ともいえるアメリカの野望と国策が隠されているのが常である。その薄っぺらい民主主義は、日中戦争において蔣介石に味方したため全域を共産主義の邪悪の支配下としてしまい、朝鮮、ベトナムでその民族の惨禍をもたらし、南米では悪辣なＣＩＡによるアメリカ帝国主義反対運動を封じ込めてキューバを孤立させ、イラクでは先制攻撃の理由を捏造し、フセイン政権下で平穏だったイラクをテロ地獄に陥れ、挙句の果てはイランに対してあくなき侵略を開始せんとする。民主主義と自由主義の鎧を被った邪悪のパックス・アメリカーナをストップさせる力は世界には最早ない。この映画のクリント・イーストウッド扮する朝鮮戦争帰還兵、すなわち民族内の紛争をでっち上げ、マッチポンプとするアメリカ国家の常套手段の手駒としての正義漢が、近隣のモン族の内輪の争いに正義の面で登場するが、元はといえばそれに火をつけたのはこの正義漢自身なのである。アメリカという国の偽善と欺瞞をこの映画に感じ取ってこそ意義があると確信する。

黄色人種への差別に満ちた態度は、若い頃朝鮮戦争で、朝鮮兵士に対して行った殺戮への自己悔悟であり、そのトラウマを背負って生きている苦悩の表れである。残虐な行為をした後悔の念は、その人々への憐憫にはならず、むしろその人々を避けて蔑視する矛盾に満ちた逃避となることがある。モン族に対して示す差別発言・態度にも、善良なる駒を通じてのアメリカ国家の正体を見て取れる意味で面白いのである。

（２００８年６月号）

アメリカ映画
『インビクタス 負けざる者たち』
原題『Invictus』
2009 年製作
132 分

「楽観的であるということは、顔を常に太陽へ向け、足を常に前へ踏み出すことである」「勇者とは、何も恐れない人間ではなく、恐れを克服する人間のことなのだ」
——ネルソン・マンデラ

監督	クリント・イーストウッド
脚本	アンソニー・ペッカム
製作	ロリー・マクレアリー
音楽	カイル・イーストウッド
出演	モーガン・フリーマン
	マット・デイモン
	トニー・キゴロギ

南アフリカの「交渉による革命」は政治的手段で紛争を解決し和平を実現する方法を教える手引きであり、ネルソン・マンデラによる南アフリカほど、人道的かつ鮮やかに圧制から民主主義へと導かれた国は、他にはない。「南アフリカの奇蹟」をもたらしたマンデラほど〝人間とはこんな素晴らしいものだ〟と僕たちに伝える人物はないだろう。

１９９６年翻訳されたネルソン・マンデラ自伝『自由への長い道』を読んだ感動が忘れられない。絶えずユーモアを振りまき、27年間の獄中の弾圧にかかわらず復讐心を克服し、人種間の和解と宥和を求めたマンデラの姿が描かれている。「復讐心」を自制することこそ、マンデラの27年にわたる独房での精神修行と勉学によるものと感嘆する。広い意味での「復讐心」はある意味で人間の行動力の原点でもある。それに古来、復讐は法的にも認められていた。

世界の革命を見るにつけ、被支配者のルサンチマンが支配者への復讐となり、血の雨を降らせるのが常である。そんな中で、マンデラが大統領に就任して示した冷静な自己抑制こそが、「南アフリカの奇蹟」の鍵であったと考える。

この映画のクリント・イーストウッド監督はそもそも「正義の復讐」、とくに「弱きものや女性への暴力」を憎悪する形で、実際は法治国家では許されない復讐暴力を炸裂させる映画『ダーティ・ハリー刑事』シリーズを撮り続け、観客の鬱積と閉塞した正義感に溜飲を下げてくれた。そして『許されざる者』を経て、ついに昨年公開の名作『グラントリノ』のあの変形された復讐暴力の〝落としまえ〟により、直接暴力からひねりを利かせた復讐を演出した。

このように、クリント・イーストウッド監督のライフワークとしてのテーマはこの「復讐」にあると考えるが、ついに実在のマンデラを描くことにより、人間の「復讐心の克服」という最上のテーマに挑んだのがこの映画である。いまや老熟にあるイーストウッド監督の悟りの世界を感じる。たとえマンデラの奇蹟が今後世界で再びあり得ないとしても、たとえそれが現実政治を逸脱しているとしても、老監督は心の安らぎの場を得たかったに違いない。

マンデラがブラジルサッカーチームのスーパー・スター、ペレに功労賞を手渡した時に読み上げたメモがある。「スポーツには、世界を変える力がある。人々を鼓舞し、団結させる力がある。それはなにものにも代え難いものである。……人種の壁を取り除くことにかけては、政府もかなわない」

マンデラがスポーツは政治に使えると気づいたのは、収監されていた時のことである。

マンデラは、大統領に就任した人種間の緊張が激しい時代、つまり黒人は解放に熱狂し、白人は恐怖におののいていたころ、１９９５年のラグビー・ワールドカップ南アフリカ大会を国民融和という政治的目的に利用しようと戦略を練った。

ラグビーはそもそも上流階級のスポーツであり、サッカーとは階級が異なる。南アフリカでも当然ながらラグビーは白人のスポーツであった。そのナショナルフラッグチームである「スプリングボックス」のメンバーは一人の黒人を除いて、まさに白人で占められていた。だから、外国チームとの試合では、黒人の国民はいつもこの自国の白人チームの対戦相手を応援したものである。ここにマンデラのしたたかな戦略があったのである。

マンデラ流の「楽観的であるということは、顔を常に太陽へ向け、足を常に前へ踏み出すことである」という姿勢は、この映画でもラグビーチームに賭ける彼の夢にあらわれている。ちなみに原題の「Invictus」とはラテン語で「不屈」という意味である。

とにかくこの映画は2時間10分間、観客に美しい感動の涙とアドレナリンの高揚をもたらしてくれる。決勝戦のニュージーランドのナショナルフラッグチーム「オールブラックス」との死闘は、正確に描かれており、この歴史的な試合、特に肉弾戦の迫力は満点である。

この映画でのマンデラに扮するモーガン・フリーマンの演技は抑制が効いていて素晴らしい。彼ほどマンデラに似た演技をできる俳優は他に考えられない。さらにラグビーチームヘッドにはマット・デイモンが扮して見事な演技を見せている。（２０１０年４月号）

デンマーク映画
『未来を生きる君たちへ』
原題『In a Better World)』
第83回アカデミー賞外国語映画賞
2010年製作
118分

復讐と抑止力の論理に
ユダヤ人女流監督の葛藤を見る

監督　スサンネ・ビア
脚本　アナス・トマス・イェンセン
製作　シセ・グラム・ヨルゲンセン
音楽　ヨハン・セデルクヴィスト
出演　ミカエル・パーシュブラント
　　　トリーヌ・ディルホム
　　　ウルリク・トムセン

第83回アカデミー賞外国語映画賞そしてゴールデングローブ外国映画賞を獲得したデンマーク女流監督スサンネ・ビアの作品である。彼女はユダヤ人であり、若くして建築芸術を学びその天賦の才能は映像美に反映される。何よりも彼女の作品の魅力は家族の機微を女性らしい見事な精緻さとデリカシーで描く点である。

映画は二つの家族とその息子を中心に描く。国境なき医師団の一員としてアフリカ僻地の難民キャンプで医師としての使命感を果たすアントン（ミカエル・パーシュブラント）と別居中の妻マリアン、長男エリアス（別居は夫の浮気が露呈したのが原因である）。それに対して、妻を癌で失ったクラウス（ウルリク・トムセン）とその一人息子クリスチャン。この二家族を、二人の男児を中心に描く。

父親を尊敬するエリアスは、父親の教え通り、学校で苛めにあっても暴力で対抗せず、じっと我慢するが、それはさらなる苛めにつながるだけであった。

一方、クリスチャンは亡くなった母親に対する父親の冷淡さと不作為に、反抗心からの怒りを募らせ、そのはけ口として〈正義の力〉への信奉を高める。転校してきたクリスチャンは当然のことながら苛められっ子エリアスを救うため苛めっ子を〈目には目を〉の暴力で押さえつける。それから苛めはなくなり、二人は学校で無二の親友となる。

あるとき、デンマークで休暇中のアントンが遊園地での子供同士の喧嘩の仲裁に入ったところ、加害者の子供の親から不当な罵詈雑言と暴力を受ける。暴力に対する復讐はエスカレートして留まることはない。その連鎖を留めるためにはイエス・キリストの教えのように、左の頬を差し出し、理を説いて相手を説得するというのがアントンの信条であった。それを目撃していた二人の子供、とりわけクリスチャンはなぜ加害者に鉄拳で対抗しないのかと迫るが、アントンは聞く耳を持たない。不満が鬱積した子供たちはその加害者の居場所を突き止め、アントンに仕返しを迫る。アントンは非暴力の模範を示すために、その加害者を訪問して非を説き、謝罪を要求するが、結果はさらなる暴力と罵倒を受けるだけであった。

その様子を傍で見ていて怒りを募らせたクリスチャンは、加害者に対して自らの手で復讐することを決意する。そして、それは予期せぬ恐ろしい結末を……。

アメリカの軍事戦略は〈力への信奉〉に基くものであり、それは今では抑止力以上の先制攻撃の正当化さえ容認する。まさに子供（クリスチャン）が信じるのは、世界政治の常識である〈力には力〉の原則である。一方、それを理を尽くして乗り越え、復讐の連鎖を断ち切ろうとするのが大人（アントン）の考えである。

アントンはアフリカで残忍なテロ集団のボスの治療を医師として行う羽目になるが、かかる人道主義を実践しても、結局は犯罪者やテロリストから罪の悔悟など引き出せるわけがない。村民にとってもアントンの博愛的な治療は〈偽善と欺瞞〉でしかなく、彼らは怒りを爆発させ、ついにボスに襲い掛かってなぶり殺しにしてしまう。

人間にとって復讐心を超越する〈寛容の精神〉の偉大さとその困難を描きつつ、それでも暴力の連鎖を断ち切りたいというビア監督の女性らしい優しさで、アフリカとデンマークの舞台を交互に描きながら、人間にとっての〈復讐心〉の抑圧について観客に考えさせるのである。ユダヤ人だけに、現実的な復讐の論理に逡巡する監督の理想と現実の葛藤があるがゆえに、理想の押し付けがましさがない。

この二人の子供の友情、それにお互いに庇い合う男の美学、そして何よりもこの子供たちの持つ〈品格〉に僕は圧倒された。戦後日本で行われた日教組による〈偽善と欺瞞の反暴力・平和主義〉教育が、正義の心とは何か、男の使命とは何か、ということを一顧だにしない下劣かつ低級な学校教育を生み出したことで、逆に日本の子供たちの品性とモラルを失わせてしまったことか、ため息が出てくる。

今こそ学校での男子の男子らしい正義の〈殴り合い〉を容認し、か弱き女性を断固守る騎士道教育を復活させるべきである。亡国の草食男子はまっぴらだ！

（２０１１年10月号）

スペイン映画
『オリーブの樹は呼んでいる』
原題『El Olivo』
第31回ゴヤ賞新人女優賞
2016年製作
99分

自然を通じた祖先との心と血と地の絆こそ、
本物の民族の文化と愛の継承だ

監督	イシアル・ボジャイン
脚本	ポール・ラヴァーティ
製作	ファン・ゴルドン
音楽	パスカル・ゲーニュ
出演	アンナ・カスティーリョ
	ハビエル・グティエレス
	ペップ・アンブロス

オリーブの樹は３０００年も生き続け、無数の実をつける。それも必ずしも肥沃でない土地に力強く根付くのであり、ギリシャ神話のみならず、聖書でも色々な意味で位置づけられている。地中海の代表ともいえるオリーブ、その農園を舞台に描くこの作品は決して派手な映画ではないが、農園を守ってきた祖父と孫娘とのオリーブの樹をめぐる愛の物語だ。

舞台はスペイン・バレンシア州の州都バレンシア。ごく最近、3月から4月にかけて僕がスペイン語習得のために4週間滞在した地だ。もっともこの地域にはスペイン語とは異なる独自の言語があり、むしろバルセロナのカタロニア語に近い。地中海気候のもとオレンジなどの農産物や海産物に恵まれ、日本人の好きなパエリヤ発祥の地でもある。歴史的にもカトリック・イスラム・ユダヤ教の影響を受けた魅力のある地域だ。しかも民度は高く、スペイン的な熱い情に接することもできる、快適で魅力満載の場所である。

EU内には、ドイツや北欧を中心とする高度な物質文明の北部地域と、スペインやギリシャのような農業中心の南部地域との〝南北問題〟があり、これは深刻だ。

それゆえ、この映画は片やバレンシア地方の〈血と地の絆〉の〈南〉と、片やドイツ・デュセッルドルフというまさに先進商業都市の〈偽善と欺瞞〉の〈北〉を対極として描いているが、そのコントラストに注目せねばならない。バレンシアから南フランス、イタリーを経てデュセッルドルフへの、大型クレーン付きトラック旅行のロード・ムービー的要素もその面白さを浮き彫りにする。

日本も同様だが、農業地帯は資本主義の競争原理では必ず行き詰る。だからこの映画で描く〈血と地の絆〉の代表たる祖父のオリーブの樹に対する思いとは別に、次世代の者は生き残るためにと、まさに祖父の心の源泉である、ローマ帝国時代からの樹齢2000年のオリーブの樹を、目先の金目当てに企業論理の〈偽善と欺瞞〉に囚われたドイツ企業に売り飛ばしてしまう。

しかもそのドイツ企業はいわゆる水やエネルギーの独占資本で、環境破壊の尖兵でもある。その環境破壊者が、宣伝のために偽善と欺瞞を込めて、この樹齢2000年のオリーブの樹を、本社のロビーに、環境保護の謳い文句で「象徴」として飾っているのだ。

この欺瞞に対して、孫娘はネットを通じてこの「悪の企業」を批判して環境団体を扇動するが、これとてどこの世界にもあるように、単なるサヨクの〝反対のための反対〟であり、まさに形を変えた偽善と欺瞞でしかない。日本と同様、顎足付きで駆り出される衆愚に過ぎないのだ。どちらの側も〈偽善と欺瞞の虚構〉でしかない。

そんな虚しい孫娘の努力は挫折するが、彼女はオリーブの一枝を死の床の祖父に持ち帰り、かつて大木があった場所に植林する。果たして2000年後の子孫がいかに対処するか？　そんな真心と愛に満ちた孫娘の心の旅を描いて感動させる作品だ！

伝統や文化は日本では歌舞伎・浄瑠璃から神道まで色々ある。もちろんこれらは日本の象徴として断固守らねばならないが、概ね商業化してしまい、形骸化されている。ちょうど滅びの悲哀を込めたアメリカ・インディアンがその手芸品を観光客に、それがインディアンの象徴であるかのように土産物屋で売るように！　日本の誇るべき美しい本物の文化は、農業すなわち緑と水に満ちた水田風景を背景に存在することが理解されていない。そんなことを、じっくり考える機会になれば良いと思う。

映画はスペインの女流監督イシアル・ボジャインの演出。脚本は彼女の夫のポール・ラヴァーティで、尊敬するケン・ローチ監督作品の『麦の穂をゆらす風』や『わたしは、ダニエル・ブレイク』など、コミカル性を取り入れた社会派ドラマで才能を見せた脚本家だ。第31回ゴヤ賞では新人女優賞（アンナ・カスティーリョ）を受賞した。

（２０１７年7月号）

ポーランド映画
『残像』
原題『Powidoki』
2016年製作
99分

「All or Nothing」ではない
ワイダの老獪な生き方を学べ！

監督	アンジェイ・ワイダ
脚本	アンジェイ・ムラルチク
製作	ミハウ・クフィェチンスキ
音楽	アンジェイ・パヌフニク
出演	ボグスワフ・リンダ
	ゾフィア・ビフラチュ
	ブロニスワバ・ザマホフスカ

ポーランドの巨匠アンジェイ・ワイダの遺作といえるこの作品は、共産主義の犠牲になったポーランド暗黒時代に生きたワイダの、まさに自叙伝とも言える作品だ。

ワイダは共産主義下においても「抵抗三部作」と呼ばれる『世代』『地下水道』『灰とダイヤモンド』にて、表面的にはナチス・ドイツに抵抗するふりをしながら、実はナチスなき後のソ連支配に抵抗するポーランドを婉曲的に描き、巧みに検閲を逃れてきた巨匠でもある。

ポーランドの自由化に伴い、父親がソ連軍に虐殺されたカチンの森事件を描いた映画『カチンの森』でその怨念を晴らす一方、自ら支援した自由化の闘士ワレサを『ワレサ　連帯の男』で描いて、自らの人生を総決算したのである。

カチンの森事件とは、第二次世界大戦中にソビエト連邦（ロシア共和国）のグニェズドヴォ近郊の森で約2万2000人のポーランド軍将校、国境警備隊員、警官、一般官吏、聖職者がソビエト内務人民委員部（NKVD）によって銃殺された事件である。

この作品は、前衛画家ヴワディスワフ・ストゥシェミンスキ（1893〜1952）の晩年の4年間を描いている。ストゥシェミンスキは画家・カジミール・マレビッチの弟子で、カンディンスキーやシャガールとも交友があった。師事したマレビッチはロシア帝国領ウクライナ生まれ、両親はポーランド人で抽象性を徹底した「シュプレマティスム」を主張し、抽象絵画の一形態に達した画家であった。

主人公のストゥシェミンスキは理論的にも優れており、『残像理論』の著書もある。スターリン体制になったポーランド政府による芸術の政治利用（ワイダも社会的リアリズムに嫌気がさしたのは同じ）に一切妥協せず徹底的に反抗し、教授の地位も追われ、作品は破壊され、食うことも絵具を買うこともできずに失意のうちに結核で死んだ。まさに徹底的反逆者でもあり、ワイダのような綱渡りができなかった信念の人である。

彼は同じく芸術家であった夫人と後に別れたが、一人娘がいた。そして映画では上品に紹介しているが彼の理論本の筆記をした愛人もいた。こんな家族状況のなか、愛人が逮捕されても迎合することがなかった〈信念〉の人だ！

ワイダは、体制の束縛の中、ある意味では〈うまく泳いだ〉映画監督であるが、僕の感じるところでは、その〈世渡り〉に自戒の意味も含め、この国民的英雄を讃えたかったのだろう。そんなストーリーを見事に描いている。映画はさすがワイダ、品格に満ちており、見るものの興味を外さない。

ここで余談だが、信念と信仰の相違が面白い。つまり僕の持論だが、共産主義とキリスト教は謳い文句としてはプロレタリアートの救済か、被抑圧民（ユダヤ人）の救済かという違いはあるが、「弱者救済」という根っこは同じである。

ところが、共産主義はその理想がいくら高邁であろうと、個人崇拝（レーニン・スターリン・毛沢東・金日成・ポルポトなどなど）によって堕落し、全体主義独裁国家の残酷性だけがまかり通る。一方キリスト教はキリストがいくら高邁であろうと、その後継者たち、特に「キリストの代理人」として教皇を戴くカトリック教会の腐敗によって堕落し、２０００年にわたって排外主義の残虐性を発揮してきた。護教や組織防衛のために異端の他者を徹底的に排撃することも酷似している。共産主義の個人崇拝とキリスト教の絶対神信仰は、いずれも一切の人間的自由を排除して、自らの〈偶像崇拝〉を他者に強制してきたところに悪の根源がある。

２０００年にわたって残虐行為を繰り返したキリスト教と20世紀を恐怖と絶望に陥れた共産主義という二つの〈偶像崇拝〉が、数え切れない人間を、この世に生まれてきたことを後悔させるほど絶望的で苦痛に満ちた、まさに最悪の状況に陥れてきた罪は、いくら批判してもしすぎることはない。綺麗な美辞麗句と排他主義は、人間の限りない能力と可能性をシャットアウトする意味で、２０００年を停滞させ20世紀を沈滞させた、この人類に対する犯罪ほど罪深いものはないのだ！

アンジェイ・ワイダが生涯を通して追求し続けたテーマを凝縮させたかのような、まさにライフワークの完成と呼ぶにふさわしい作品に仕上がっている。（２０１７年8月号）

アメリカ映画
『プライベート・ウォー』
原題『A Private War』
2018年製作
110分

"Be passionate and be involved in what you believe in, and do it as thoroughly and honestly and fearlessly as you can."
「もう夢中になって自分がやるべきと考えることをやり抜くのよ！
そして半端ではなく誠意を込めて怖い物なしにやり遂げるのよ！」
――メリー・コルヴィン

監督	マシュー・ハイネマン
脚本	アラッシュ・アメル
製作	マシュー・ハイネマン
音楽	H・スコット・サリーナス
出演	ロザムンド・パイク
	ジェイミー・ドーナン
	スタンリー・トゥッチ

２０１２年にシリアで取材中に死亡した戦場記者メリー・コルヴィンの伝記映画である。報道記者・カメラマン（戦闘地を含む危険地域で命がけで報道する人々のことを言う）の殉死を讃える世界には数々のモニュメントがある。日本で誇れる報道カメラマンとしては僕は何の躊躇もなく沢田教一を挙げるし、事実世界的に認められている。日本で誇れるのはこの沢田以外にない。

この二十年日本は自己責任の意識もない物見遊山としか見えない連中が危険地に売名で辿り着き、挙げ句の果ては人質になり迷惑をかけた上、その親族たちが日本政府の責任を大声で問う恥知らずが跳梁跋扈した。

最近ではシリアで拉致されたと主張された某氏が英雄気取りで自己主張する。証拠がないので決めつけは避けるが、まさに自己責任が一切ないことだけはハッキリ言える。この手の連中が沢田の孤高の職業意識と比較されるのも憚られる。

某氏とやらが嘯くには〈イラク人質事件から15年。拘束者が何者で、日本政府がどう対応をしたのか検証されないままだ。シリアから帰国して5カ月あまり。デマ満載の「身代金情報」なども検証されないままだ。この15年で何が変わり、変わっていないか、という話がしたい〉。国家に迷惑をかけて、この様だから呆れ果てて口が塞がらない。国家の警告を無視した行為に、自己責任感覚など一欠片もない。

さてこの映画の主人公メリー・コルヴィンの凄みは只者ではない。1956年、アメリカ合衆国に生まれ、エール大学を卒業後、1979年にUPI通信に入社、1985年に『サンデー・タイムズ』に移籍、翌1986年から戦場取材を始める。レバノン内戦や第一次湾岸戦争、チェチェン紛争、東ティモール紛争など世界中の戦場や紛争地などで危険な取材を重ねた。

2001年4月16日、内戦中のスリランカで反政府支配地域からスリランカ政府の支配地域に移動中で、政府軍の放った爆発に巻き込まれ、左目を失明した。彼女のアイパッチ（黒い眼帯）は、トレードマークとなった。彼女はPTSDを負いながらも現場復帰し、以降もイラク戦争やアフガニスタン紛争を取材した。2010年にはブリティッシュ・プレス・アワードの優秀外国人記者に選ばれた。2011年、アラブの春で政変の起こったチュニジアとリビアを取材。リビアでは、内戦中に外国人記者として最初にカダフィ大佐へのインタビューを敢行した。彼からの信頼は極めて厚く、取材対象に本音を語らせるという彼女の才覚が本作でも描かれている。

彼女の信念はただ一つ、理不尽な戦争に対する正義の怒りの中で、〈精密さと先入観なしに戦争の恐ろしさを伝える事〉だ。ただひたすら、リスクも顧みずに危険地に飛び込んでいく。そこには一切の妥協も怯懦もなく、その根底には自己責任主義がある。

戦場の最前線で命がけの取材を続けた２０１２年、コルヴィンはシリア政府の監視の目をかいくぐり、同国で起きている内戦の取材に赴いたが、そこで遂に彼女は命を落とすことになった。

この映画はそんな彼女の真骨頂の心理を描き切った秀作だ。主演のロザムンド・パイクは『ゴーン・ガール』の演技で一躍スターダムにのし上がった英国の女優であり、癖のある、性格破綻すれすれの演技をさせれば右に出るものがいない名演で見事な映画を紡いでいる。

さて沢田が祀られているニュージアム（NEWSEUM）とは、ワシントンＤＣにある、ニュースとジャーナリズムに関する博物館である。「全ての人々の為の報道の自由、表現の自由、そして自由な精神」がその精神だ。

一方フランス北西部バイユー（Bayeux）では、「バイユー戦争報道特派員賞」によって栄誉が讃えられる。最近では、シリア内戦やウクライナ危機、第二次世界大戦以降最悪となっている欧州の移民問題を伝えたジャーナリストが各賞を受賞した。そこにコルヴィンは、報道記者ロバート・キャパとともに祀られている。

（２０１９年11月号）

イギリス映画
『1917 命をかけた伝令』
原題『1917』
第 92 回アカデミー賞撮影賞
2019 年製作
119 分

「しっかりしろ、俺は戦士だろ。
もっと恐ろしい場面もあったではないか」
——ホメロス『オデュッセイア』

監督	サム・メンデス
脚本	サム・メンデス
製作	サム・メンデス
音楽	トーマス・ニューマン
出演	ジョージ・マッケイ
	ディーン＝チャールズ・チャップマン
	マーク・ストロング

１９６５年生まれのイギリスの演出家監督のサム・メンデスは僕の好きな監督の１人だ。娯楽作品『００７』シリーズまで撮る監督だが、実は彼の『レヴォルーショナリー・ロード』はケイト・ウィンスレットを据えた素晴らしい人間ドラマで、彼の秀逸作と言えよう。アメリカ映画と異なり、物質主義と一線を画するニュアンスを彼が表現できるのは、まさにイギリス人監督だからだろう。

この映画に期待する向きは、戦争のドンパチ性とサスペンスだろうが、残念ながら、この作品にはその要素は皆無だ。むしろ、若いが、人生を誠意を込めて着実に生きる地味な一人の男の旅を描いている。

映画はこういう筋書きだ。１９１７年4月6日、ヨーロッパは第一次世界大戦真っ最中、西部戦線にいたドイツ軍は後退したかのように見えた。だが、それはアルベリッヒ作戦に基づく戦略的後退であって、連合軍をヒンデンブルク線にまでおびきよせる罠でもあった。イギリス軍はその事実を航空偵察によって把握した。

エリンモア将軍は2人の若い兵士（トムとウィル）を呼び出し、「このままでは快進撃中のデヴォンシャー連隊が罠に嵌り全滅してしまう。電話線は破壊され連隊にそれを伝えることができない。君たち2人はそれを伝えるために、連隊隊長に会いにいけ」と命じた。

デヴォンシャー連隊には1600名もの将兵が所属しており、その中にはトムの兄・ジョセフもいた。トムとウィルは任務遂行のため、命がけで前線に向かうのだった。

実は、サム・メンデス自身が祖父のアルフレッドから、この話を聞いていた。つまり大戦中、アルフレッドはイギリス軍で西部戦線の伝令を務めていた経緯があった。そんな意味でメンデスの先祖への想いが私情として窺える。

現代のIT世界において、情報伝達は高度にソフィスティケートされているが、一方でそれは脆くもあり、一旦その便利さに齟齬が生じる時は、世界はテロリズム以上の混乱を生じる。

伝令は軍隊において命令を直接伝える任務であるが、まさに人間らしい、人間同士の直接のコミュニケーションこそ、今なおテレビ電話でさえ追いつけない最も大切なものであり、基本である。

この映画における伝令の役割は、人間同士の阿吽の呼吸というよりは、まさに現状を正確かつ迅速に伝えることであり、その責務を果たそうとする立派な兵士の人間像を描いているのだ。

さらにこの映画を見ると、監督の頭をよぎったのはホメーロスの叙事詩『オデュッセイア』の主人公の旅ではないかと愚考する。叙事詩はとてつもない長い旅である、それは人生に喩えられるほど長い旅だ。この映画で描く旅はほんの1日の出来事の数々にすぎないが、この1日を人間の一生に引き伸ばす画期的な演出をしたのが、巨匠メンデスのつかみどころのうまさと言えるだろう。

2人の危険な出来事との出会いは、それぞれ戦争という異常な世界の中での、突発的出来事だ。何が起こるかわからない出来事、そこにそっと姿を隠していた美女と赤ん坊が登場する出来事、心が休まるひと時、しかし責務は和やかに過ごす時を許さず忸怩たる思いで旅を続ける。襲撃、友の死、責任感、人間として基本的なモラルと使命感を感じた男たちの美しい姿。映像は見事な意外性を出してその効果を追求する。

何もかも斬新で、これほど地味な内容の人間の労苦を目を離さずに画面に据え付ける監督の腕前。

第77回ゴールデングローブ賞で最優秀作品賞と監督賞の2冠、第92回アカデミー賞でも撮影賞、視覚効果賞、録音賞の3冠に輝いたのは、当然の栄光だろう。ただ、アカデミー賞でなぜ作品賞、監督賞を韓国映画に攫われたのかはクエスチョンマークだ。

（2020年6月号）

スペイン映画
『あなたと過ごした日に』
原題『El Olvido Que Seremos』
第95回アカデミー賞脚色賞
2020年製作
136分

「優れた詩だけが言葉への過剰な耽溺から我々を
救ってくれます。単純で必要不可欠な食べ物だけが
暴飲暴食から私たちを救ってくれます」
——エクトル・アバド・ファシオリンセ

監督	フェルナンド・トルエバ
脚本	ダビ・トルエバ
製作	ダゴ・ガルシア
音楽	ズビグニエフ・プレイスネル
出演	ハビエル・カマラ
	ニコラス・レジェス・カノ
	ファン・パブロ・ウレゴ

今回の作品は、エクトル・アバド・ファシオリンセのベストセラー小説が原作となっている。父親であるエクトル・アバド・ゴメス博士の波乱万丈の生涯を息子の視点から綴った回想録で、ノーベル賞作家のマリオ・バルガス・リョサが「近年で最高の読書体験」と絶賛、世界12の言語に翻訳され20カ国以上で愛されている。映画化にあたっては、『ベルエポック』で1993年にアカデミー賞外国語映画賞に輝いた名匠フェルナンド・トルエバが監督を務めた。

本作の舞台となるコロンビアのメデジン市といえば、パブロ・エスコバルが創設した犯罪組織のメデジン・カルテルが悪名を轟かせていた。この組織は、コカの生産農家、加工業者、販売業者に支えられたゲリラ的犯罪組織であり、1980年代前半からコロンビア政府と抗争を繰り広げた。

アメリカとも常に対立し、爆弾闘争や身代金目的の誘拐を繰り返していた。自動火器や航空機、設備の整った基地に加え、イスラエル人、イギリス人、オーストラリア人らの傭兵で構成された顧問団によって私兵組織を拡大していったメデジン・カルテルは、対立するカルテルやコロンビア政府、反政府ゲリラとの闘争だけにとどまらず、政治家や治安当局も標的とするようになる。また、この集団がAUCなど後の準軍事組織の起こりとされている。

本作には演技力のある俳優が出演している一方、内容は極めて抑制されたものであることから、若干の退屈を感じたことも事実だ。劇中の現代（1980年代）はモノクロで描かれ、過去（1970年代）はカラーで描かれている。この手法はある意味でテロリズムに対する絶望と怒りを表しているのかもしれない。さすが巨匠の作品だ。

公衆衛生の専門家であるエクトル・アバド・ゴメス博士は、本心は無神論の医学者であるが、カトリックの慈愛や家族の愛の絆を否定するものではない。

人間の命がウイルスによって失われる、そんな宿命に対して物事を科学的に解明していくという近代主義者であり、さらに自由をこよなく求める人間でもある。マルクス主義者などと呼ばれると「マルクスの本は読んだこともない」と否定する。博士は「僕は人間の命の尊さの側に立って戦っている」と断言する。

博士は貧しさと乏しいインフラのせいで疫病の餌食になっているメデジンにおいて、大学を追放されるも、人道主義によって市長候補として立候補する。本来の政治家としてあるべき素質から家族の反対を押し切って行動するも、見事に敵の罠に引っかかり暗殺されてしまう。

この最後の部分を除いて、映画は家族本位の父親、特に娘を難病で失い、期待していた息子が、自動車事故で他人を傷つける不幸の中、1人嗚咽する父親の姿を描いているが、何か本当に家族の愛の本質を感じる演出には感動した。そんな父親が無謀な市長選挙戦に参加して、予想した通りメデジン・カルテルと政府の手先に蜂の巣のように弾丸を受けて即死する。家族の団結と愛はラテン系の猛烈な血の団結で、家族が泣き悲しむ姿もスペインの血筋だ！

今や世界的に末期症状の独裁政権によるライバルや他民族に対する国家テロ、テロリストの自爆を含む反体制のテロ、個人的憎しみと政治家を結びつけ暗殺を試みるテロ、要するに暴力により、他人の考えを無理に変えさせるテロリズムが蔓延しているが、この映画で自ら父親が語る「僕は自由主義者として戦う」という姿は、実はイデオロギーを離れて通用すると考える。

僕にとっても、その自由こそ人間の根本であり、民主主義なる自己欺瞞とは異なる人間固有の権利だと言いたいのだ！

（２０２２年９月号）

イギリス映画
『エンパイア・オブ・ライト』
原題『Empire of Light』
第 95 回アカデミー賞脚色賞
2022 年製作
105 分

"The movies that influenced me were movies that told their stories through pictures more than words."
「僕を感化する映画っていうのは、言葉よりも映像で物語を語るやつなんだよ！」――サム・メンデス監督

監督	サム・メンデス
脚本	サム・メンデス
製作	サム・メンデス
音楽	トレント・レズナー
出演	オリヴィア・コールマン
	マイケル・ウォード
	コリン・ファース

サム・メンデスは英国の監督であり、その作品は人間本来の美しさや道徳観……そんな人間学をいつも僕に語りかけるのだ。それは偽善でもない欺瞞でもない、こうあるべきだとかこうすべきだとかいう説教じみた押し付けがましいものがなく、人間の原点に還って自然に「自分もこうするだろう」と納得させられる映画を作ることのできる稀有な監督がサム・メンデスだということだ。

メンデス監督はイギリス・バークシャー州レディングにて、トリニダード・トバゴおよびポルトガル系の父親（大学講師）とユダヤ系イギリス人の母親（児童文学作家）の間に生まれる。１９７０年に両親は離婚し、母親と暮らす。ケンブリッジ大学卒業後、チェスター・フェスティバル劇場やロイヤル・シェイクスピア・カンパニーで演出家としてキャリアを始める。

私生活では〈愛に満ちた〉彼の人生観からか、女優のジェーン・ホロックスやキャメロン・ディアス、キャリスタ・フロックハート、レイチェル・ワイズなどとの交際を経て、２００３年に女優のケイト・ウィンスレットと結婚。同年12月には長男も誕生したが離婚し、２０１７年にトランペット奏者のアリソン・バルサムと再婚した。

『アメリカン・ビューティー』『ロード・トゥ・パーディション』『レボリューショナリー・ロード／燃え尽きるまで』『１９１７ 命をかけた伝令』などの映画で僕が感動させら

れたのは、彼のそんな人間として自然体の愛を語っているからだろう。

本作の舞台は1980年代初頭のイギリスの静かな海辺の町マーゲイト。辛い過去を経験して今も心に闇を抱える主人公ヒラリーは、地元で愛される映画館のエンパイア劇場で働いている。サッチャー政権が1979年に誕生し、英国病を退治すべくサッチャリズムが発動する混乱の中、彼女の前に、自らの理想を人種差別によって失いつつある黒人青年スティーヴンが現れる。そんな劇場の中で人種差別などを超越した、同じ人間たちの本来のあるべき差別なき優しさに目覚めた二人は、人種を超越した人間愛に傷つきながらも、生きる希望を見出していく……。

この辺りの心理描写がこの監督のいつもの手法であり、その見事な演出で観客の心に訴えかけるのだ。この作品ではタイトル通り、地元で愛される映画館、それに光をあてるライト、そこから浮かび上がる人々の姿を描き出している。それによって正義を執拗に強調することなく、人間愛を自然体で賛美することに成功しているからこそ、この作品を観る者は自然に感動してしまうのだ。

キャストには主人公ヒラリーを『女王陛下のお気に入り』でヴェネツィア国際映画祭・ゴールデングローブ賞、英米アカデミー賞の主演女優賞を総なめにしたオリヴィア・コールマンが演じるほか、英アカデミー賞ライジングスター賞に輝くマイケル・ウォード、

『英国王のスピーチ』でアカデミー賞を受賞したコリン・ファースらが共演に名を連ねた。スタッフには、２度のオスカーに輝く撮影監督ロジャー・ディーキンス、音楽のトレント・レズナー&アッティカス・ロスらが集結した。

コロナ禍におけるロックダウンを経験し、「映画館がなくなってしまうのではないか」という懸念が心を捉え、今こそ映画館への愛を形にする時だと考えたことから本作の制作をスタートさせたというメンデス監督。

「人には生活から逃げて、想像力をフルに使い、別の自分を見つける場所が必要だ。ある人は本の中に、またある人は音楽や演劇の中に、この映画の登場人物の場合は映画館の中に逃げ場を見つける」と語るように、劇中では舞台となる１９８０年代初頭の社会不安のなか、人々へ憩いの場所としての映画と映画館、そして音楽といった当時のポップカルチャーへの讃歌が綴られているのだ。

（２０２３年3月号）

イタリア映画
『遺灰は語る』
原題『Leonora Addio』
2022年製作
90分

「僕が言いたいのは、他の人々が彼らの目で見て、
彼らの指先で感じ取っているものに敬意を払うべきだ
ということだ、たとえそれが自分と真逆であってもね」
――ルイージ・ピランデッロ

監督	パオロ・タビアーニ
脚本	パオロ・タビアーニ
製作	ドナテッラ・パレルモ
音楽	ニコラ・ピオバーニ
出演	ファブリツィオ・フェラカーネ
	マッテオ・ピッティルーティ
	ロベルト・ヘルリッカ

本作は第72回ベルリン国際映画祭で国際映画批評家連盟賞を受賞した。20世紀のイタリアの劇作家、小説家、詩人、１９３４年のノーベル文学賞受賞者であるルイージ・ピランデッロ（１８６７年６月28日〜１９３６年12月10日）の生き様をわずか90分で描いた、本当に感動的な映画だ。

監督はイタリアの映画史に残る名匠タヴィアーニ兄弟だ。兄ヴィットリオ（１９２９年９月20日〜２０１８年４月15日）亡き後、弟パオロ（１９３１年11月８日〜）がこの映画を企画して兄に捧げた。

兄弟の偉大な作品の数々は省略するが、カンヌ映画祭をはじめ世界の映画祭で活躍した。とりわけ２０１２年、刑務所内の演劇でウィリアム・シェイクスピアの『ジュリアス・シーザー』を演じることになった囚人たちの姿を描いた『塀の中のジュリアス・シーザー』を発表し、第62回ベルリン国際映画祭で金熊賞を受賞したことは記憶に新しい。

その手腕は本作でも遺憾なく発揮されている。この映画はピランデッロの遺灰をめぐる第一部と、彼の死の直前の短編小説『釘』を映像化した第二部で構成されるが、第一部をモノクロで描きながら、第二部を突如カラーで描く画期的な映像手法がまず観客の度肝を抜く。

モノクロで描く第一部の主人公は、ピランデッロ本人ではなくその遺灰だ。彼は自らの死に際して「自身の灰は故郷シチリアに」と遺言を残すが、時の独裁者ムソリーニは政治的な思惑からその遺灰をローマに留めおく。

戦後、ピランデッロの遺言通りに彼の遺灰はシチリアに帰還することになるが、迷信を理由に米軍機での輸送を拒否されたり、列車内で遺灰を入れた壺がどこかへ消えたり、次から次へとトラブルに見舞われる。こうして厳粛な〝遺灰の旅〟をユーモラスに描くところに、イタリア映画の真骨頂が垣間見える。

そこから一転してカラーで描く第二部では、ピランデッロの人生観が表現されている。今回の映画評を執筆するに当たり、私はピランデッロの『月を見つけたチャウラ』も読んでみたが、そこに流れるのは宿命論、運命論ではないかと感じる。人間は偶然や運命に翻弄され、良くも悪くも人生そのものが変えられてしまった時、ただ「これが人生」（C'est la vie）と叫ぶしかない存在だろう。彼の人生観は、そういう人間の生の根底にある恐ろしさに貫かれている。

第二部では、ある少年が赤毛の個性的、さらに言えば悪魔的な少女に惹かれる。少年は彼女を待っている間、偶然長い釘を見つけて拾い上げる。少女は彼の前に現れるが、別の女性と取っ組み合いの喧嘩が始まる。少年は咄嗟に喧嘩を止めようとするが、先ほど拾った釘が運悪く少女に刺さって彼女を殺してしまう。

警察の事情聴取に少年は語る。

「釘が上から落ちてきたんだよ。それがこの子に刺さったんだよ。僕が殺したんではない」

彼はここで、人間の力ではどうにもならない人生の〈定め〉があると訴えているのだ。

少年は有罪判決をうけて刑期を全うして釈放されるが、死ぬまで黙々と少女の墓に通い続けた。人生の〈定め〉に翻弄されたが、少女への愛は変わらず、彼女の死すらも愛する。人間は相手に肉体的・即物的な愛を求めるが、それが失われてもなお、相手が死として存在することこそが、愛の対象になりうるのだ！

三島由紀夫の『沈める滝』では、男が女にこう語りかける。

「誰をも愛することのできない二人がこうして会ったのだから、嘘からまことを、虚妄から真実を作り出し、愛を合成することができるのではないか。負と負を掛け合わせて正を生む数式のように」

死んだ女しか愛することができず、黙々と墓に通い続ける男の姿からは、仮面から生まれる真実の愛を追い求める男の姿を連想してしまうのだ。

（２０２３年８月号）

フランス映画
『サントメール ある被告』
原題『Saint Omer』
第79回ヴェネツィア国際映画祭銀獅子賞
2022年製作
123分

植民地時代への贖罪感と帝国時代へのエリート意識、
複雑に絡み合う現実としての文化の衝突と矛盾——
そこに和解がありえるという可能性を暗示する
この映画の倫理感と希望に圧倒された。

監督	アリス・ディオップ
脚本	アリス・ディオップ
製作	トゥフィク・アヤディ
音楽	ティボー・ドボワーニュ
出演	カイジ・カガメ
	ガスラジー・マランダ
	グザヴィエ・マリー

本作は２０２２年・第79回ベネチア国際映画祭で銀獅子賞（審査員大賞）と新人監督賞の二冠に輝いた法廷劇だ。

その栄光を手にしたのは、ドキュメンタリー作家として国際的に高い評価を受けてきたセネガル系フランス人のアリス・ディオップ。現在世界最高峰の名優ケイト・ブランシェットをして「『サントメール ある被告』は、まさにここ10年のフランス映画で最もパワフルな映画のひとつ。いつかディオップ監督に演出されたいと願い、夢見るばかりだ」とまで言わせせしめた女性監督だ。

制作陣には現代フランス小説を代表する女性作家のマリー・ンディアイが脚本に参加し、『燃ゆる女の肖像』で映像監督を務めたクレア・マトンが映像を手がけた。

本作は、フランス北部の町サントメールで実際に起きた裁判の実話に基づく物語だ。セネガル系フランス人の若き女性作家ラマ（カイジ・カガメ）は、生後15カ月の娘を海辺に置き去りにして殺害した罪に問われたセネガル人女性ロランス（ガスラジー・マランダ）の裁判を傍聴する。セネガルからフランスに留学し、30歳以上も年の離れたフランス人男性との間に娘をもうけた彼女は、本当に我が子を殺したのか――。

法廷劇は僕の好きな映画ジャンルだが、実際の裁判模様を忠実に描き、裁判記録をそのままセリフにしたという斬新な手法には舌を巻いた。

それによって描かれる法廷劇は、様々な人間が織りなす壮大なオーケストラのようなドラマに仕上がっている。人情に流されながらも公正な審判を下そうと努める裁判長、最初からロランスを有罪と決めつける冷酷な検事、偏見に満ちた証人、そしてロランスと同じように白人のパートナーの子を宿しながら母親と娘の関係性を問い直す傍聴人の作家ラマ……それぞれの登場人物の演技は秀逸だ。

その中でも最終弁論で陪審員に向かって、ロランスに情状酌量の余地があると正義感と愛情をもって熱弁する弁護士の姿とそれを演じるオーレリア・プティの演技は異次元の光を放っており、まさに魂が揺さぶられた。こうして登場人物の言葉や感情、人間関係が入り乱れる中で、やがてラマとロランスの人生が重なり合っていく……この見事な構成にも目を瞠るばかりだ。

こうした本作の重厚かつ奥深い人間ドラマを根底から支えているのが、古代から近現代までの歴史だ。

冒頭、大学の教壇に立つラマは戦後の広島を舞台に日本人男性とフランス人女優が恋に落ちる映画『ヒロシマ・モナムール（二十四時間の情事）』の脚本を書いたマルグリット・デュラスのことを紹介する。

戦後のフランスでナチスと関係を持った女性たちは公衆の面前で丸坊主にされた上で市

内を引き回されたが、こうした公開リンチ、衆愚の残虐性を目撃したデュラスは『ヒロシマ・モナムール』で、彼女たちの無念や忍耐を昇華させる形で、美しいフランス語によってこのような暴力に対する怒りを語っていると、ラマは生徒たちに説明する。この場面は、作品全体のメッセージを暗示するものだ。

また、物語の前提には、フランスがセネガルを植民地支配したという歴史的事実がある。近代啓蒙思想や近代市民革命の旗手となったフランス人の傲慢と独善、それに対してフランス語を習得してフランス社会で立身出世を遂げようとするセネガル人の憧憬と悲哀。今なおフランスの現実に存在する旧宗主国と旧植民地の人々の軋轢が描かれているのだ。

さらに、子殺しはギリシャ悲劇以来の普遍的なテーマでもある。

本作は見る者の人間性や教養が試される最高ランクの映画であり、現時点では今年日本で上映された作品の中で最高傑作だと興奮している！

（２０２３年９月号）

フランス映画
『シモーヌ フランスに
最も愛された政治家』
原題『Simone, Le Voyage du Siècle』
2021 年製作
140 分

「私達が認識できる限り、人間存在の唯一の目的は、
単に生きることの暗闇に火をつけることである」
――シモーヌ・ヴェイユ

監督	オリビエ・ダアン
脚本	オリビエ・ダアン
製作	ビビアン・アスラニアン
音楽	オルボン・ヤコブ
出演	エルザ・ジルベルスタイン
	レベッカ・マルデール
	エロディ・ブシェーズ

この映画の主人公シモーヌ・ヴェイユ（Simone Veil, １９２７～２０１７）は、女性初の欧州議会議長として知られるユダヤ系フランス人の政治家である。フランスの哲学者シモーヌ・ヴェイユ（Simone Weil, １９０９～１９４３）は日本語では同名だが、イニシャルが異なる別人である。

ヴェイユは１９２７年にユダヤ系の血を引く建築家の娘として生まれたが、第二次世界大戦の中で16歳の時にアウシュヴィッツ収容所に送られた。そこで両親と兄を失ったが、姉とともに生還を果たした。

戦後はパリ大学、パリ政治学院で学び、フランス法務省に入省。法務大臣官房参事官などを経て、ジスカール・デスタン政権で厚生大臣に就任、カトリックの伝統からなかなか実現しなかった中絶法や協議離婚法の成立に尽力した。

それから欧州議会議員を３期務めた後、女性初の欧州議会議長に就任し、欧州連合構想を推進した。その後もミッテラン政権で社会問題・厚生・都市大臣を務めるなど、フランス政界に重きをなした。まさにフランスのみならず、ヨーロッパの舞台で活躍した女性政治家だ。

２０１７年に89歳で亡くなった後は国葬が執り行われ、フランスの偉人たちが眠る記念碑「パンテオン」に５人目の女性として葬られた。

偉大なる信念を貫き通したシモーヌ・ヴェイユというフランス人の存在を知った時、僕たちが一人の人間として立場や主義信条を超えた尊敬と憧憬を抱くことは間違いない。僕もその中の一人だ。

本作は『エディット・ピアフ 愛の讃歌』『グレース・オブ・モナコ 公妃の切り札』に続き、世紀の偉大な女性を描く3部作の渾身のラストとしてオリヴィエ・ダアン監督が完成させた。フランスでは公開初週に№1に躍り出た後、10週連続トップ10入りのロングランヒットとなった。最終的には240万人を動員し、2022年フランス国内映画の年間興行成績№1の記録を樹立した。

主人公のヴェイユを演じるフランスの女優エルザ・ジルベルスタインは役作りのために体重を8キロ増やして撮影に臨み、その演技は品格と威厳を備える堂々たるものだった。ヴェイユが愛したファッションも見事に再現されており、〈フランス人ならではの女性らしい遊び心〉もこの映画の見せ所だ。

最後にヴェイユの珠玉の言葉を列挙して、彼女の偉業を祝福したい。

①「たとえ、歳月を重ねた奮闘努力が、少しも報われないと思える時でも、いつの日か、その努力にちょうど見合うだけの光が、あなたの魂にみなぎるものです」

②「自己の中に深く没入すれば、自分の求めるものがそこにあることを知る」
③「求める目的とは反対の結果を生む努力がある。一方、たとえうまくいかないことがあっても、いつも有益な努力もある」
④「未来は待つべきものではない。作り出さなければならないのだ」
⑤「私達が認識できる限り、人間存在の唯一の目的は、単に生きることの暗闇に火をつけることである」
⑥「未来は現在と同じ材料でできている」
⑦「美しいものには、相反するもののさまざまな一致が含まれているのだが、特に瞬間的なものと永遠なものとの一致が秘められている」
⑧「天才とは、暗い闇夜を乗り越えていく力の異名のことです」
⑨「純粋に愛することとは、隔たりへの同意である。愛するものとの間にある隔たりを、何より尊重することだ」
⑩「根づきたいという魂の欲求は、最も重要でありながら、最もないがしろにされている」
⑪「純粋さとは、汚れをじっと見つめ得る力である」

（２０２３年11月号）

日本・ドイツ合作映画
『PERFECT DAYS』
原題『PERFECT DAYS』
カンヌ国際映画祭男優賞
2023 年制作
124 分

「自分を捨てて初めて、自分を見出し、
赦してこそゆるされ、死ぬことによってのみ、
永遠の生命によみがえることを、深く悟らせてください」
――アッシジの聖フランチェスコ

監督	ヴィム・ベンダース
脚本	ヴィム・ベンダース
製作	柳井康治
音楽	
出演	役所広司
	柄本時生
	アオイヤマダ

ドイツの巨匠ヴィム・ヴェンダース監督が東京の公共トイレ清掃員が送る毎日を描いた作品。本作で主演を務めた役所広司は、第76回カンヌ国際映画祭で最優秀男優賞とエキュメニカル審査員賞をダブル受賞した。

映画の前半では、トイレ清掃員の主人公・平山の「パーフェクトデイズ」すなわち規則正しいルーティーンを繰り返す毎日が描かれる。単調な生活の描写は退屈で欠伸が出そうになるが、すぐにそうではないと気づかされる。トイレ掃除は一般的には誰もやりたがらない不潔な仕事だが、平山は糞尿に塗れながらも一切手抜きをせず、完璧にやり遂げる。それを毎日コツコツ、淡々と続ける……その印象は誠実な人柄というより、神に与えられた使命を果たそうとする宗教者に近い。平山はあたかも自分の罪を贖うかのように、トイレの汚れを綺麗にしていくのだ。

毎日早起きして車のカーステレオで古い洋楽を聞きながら出勤し、都内各地でトイレ掃除を行い、仕事を終えると近所の公園のベンチで木漏れ日の写真を撮り、銭湯に行き、いきつけの居酒屋で晩酌をしてから、読書をして眠りにつく……平山の日常生活は単調な規則正しいルーティーンの繰り返しに見える。

しかし、平山は日々接する人間や自然との関係から、あたかも神から日々新たな啓示を与えられているかのように、生き生きとした輝きの瞬間を受け取っているのだ。

平山は無口で、喜怒哀楽を表に出すこともなければ、己の欲望を感じさせることもなく、他人の幸福や自然の美しさにささやかな感動を味わっている。そこにあるのは、静かだが深い生の充実感であり、世捨て人のニヒリズムとは無縁である。

映画の後半では、平山の「パーフェクトデイズ」が他人の介入で掻き乱されるが、最終的には日本的な自然体で〈赦しの啓示〉が訪れる。人間はどのような善悪でも抱きしめて希望を持ち続けるべきだというメッセージは感動的だ。

日本版ポスターのキャッチコピーは「こんなふうに生きていけたならば」。だが、平山の生き方には単なる隠棲者への世俗的な憧れを超えて、宗教的な価値観が込められている。

僕の解釈は、ズバリこうだ！

平山の生き方には、まずイエスの教えどおりに清貧を守った聖フランチェスコを見る。そしてそのさらに奥に、〈罪びと〉である人間の罪を贖うために十字架に貼り付けられた神の子イエスの姿を見る。人間が宿命的に排泄せざるをえない糞尿の汚れを身を挺して落としながら清貧に生きる平山の存在は、人間が宿命的に背負った原罪を自らを犠牲にして贖おうとしたイエスや聖フランチェスコの生き方のメタファーではないか。

作中では平山が銭湯で丁寧に身体を洗う姿も描かれているが、それも洗礼を連想させる仕掛けだったのではないだろうか。この映画は平山という〈聖人〉を通じて、聖フランチエスコやイエスと他者の人間関係を、時代を超えて現代に蘇らせようとしたという印象を受けるのだ。

ヴェンダース監督自身、ドイツのカトリック家庭の生まれで、少年時代には司祭を目指したこともあるという。代表作『ベルリン・天使の詩』（１９８７）では人間に恋をした天使の運命を美しく描き、それを観たローマ法王フランシスコ直々の依頼で、ドキュメンタリー映画『ローマ法王フランシスコ』（２０１８）を手掛けた。ちなみに、ローマ法王フランシスコの名前は聖フランチェスコに由来する。

最後に、ヴェンダース監督が愛読するフランチェスコ会の司祭リチャード・ロアーの言葉を引用したい。

「『我らと彼ら』という見方、そしてその結果である二元論的思考こそが、世界におけるほとんどすべての不満と暴力の源泉になっていると言っても過言ではない」

「イエスに関する最も驚くべき事実は、他のあらゆる宗教の始祖と異なり、彼だけが神は無秩序で不完全だと発見し、我々も同じようにしなければこの地上に決して満足するわけがないと説いたことである」

（２０２４年３月号）

第5章　純粋娯楽映画

アメリカ映画
『アメリカン・ハッスル』
原題『American Hustle』
第71回 ゴールデングローブ賞最優秀作品賞
2013年制作
138分

俗世って欺瞞に満ちた合法的詐欺か！

監督	デヴィッド・O・ラッセル
脚本	デヴィッド・O・ラッセル
製作	チャールズ・ローヴェン
音楽	ダニー・エルフマン
出演	クリスチャン・ベール
	ブラッドリー・クーパー
	エイミー・アダムス

この映画は3月始めに発表される第86回アカデミー賞受賞候補として作品賞・監督賞・主演助演男優賞並びに主演助演女優賞の候補に挙がっている。昨年（２０１３年）に続く快挙である。

昨年、本作でも助演を演じるジェニファー・ローレンスが、デヴィッド・O・ラッセル監督の『世界にひとつのプレイブック』で、第85回アカデミー賞主演女優賞に輝いた。ディオールの純白のローブ・デコルテにて壇上への階段で転んだ姿は、茶目っ気のある彼女らしく記憶に新しい。

デヴィッド・O・ラッセルは、父親はロシア系ユダヤ人、母親はカトリックのイタリア系という両親の間に生まれ、アマースト大学で政治学と英語を学び、１９８７年に短編映画『ビンゴ・インフェルノ』を制作。

初の長編映画である１９９４年のコメディ『スパンキング・ザ・モンキー』でインディペンデント・スピリット賞やサンダンス映画祭観客賞を受賞。その後、湾岸戦争をテーマにした『スリー・キングス』や哲学コメディ『ハッカビーズ』を監督している。また、イラク戦争に関するドキュメンタリー『ソルジャーズ・ペイ』も制作している。

この監督の素晴らしさは、いつも底抜けに明るい人間愛と正義感があるところだ。『世界にひとつのプレイブック』も感動的なシナリオであったが、この作品には単細胞のアメリカ映画とは異なり、物語にひねりと工夫がある。

僕はオスカーに輝くことを密かに期待していたものだが、ジェニファー・ローレンスが受賞したのは審査員の余りある評価であったと考える。

この映画は、天才詐欺師、汚職政治家たち、それにＦＢＩのおとり捜査を絡めながらの社会風刺劇としてコメディタッチで描かれている。

いま僕たちが生きている俗世は法治社会とはいえ、よくよく考えたら、単に支配階層や資本家たちが、権力を維持し、富を築くためにあらゆる仕組みで雁字搦めにされていると考えることも可能だ。

アメリカなどはまさにそれが極端に出た社会ともいえる。旧約聖書の律法が一人歩きして、〈律法のための律法〉に形骸化して、やがてイエス・キリストの〈律法を否定し、人間のための愛〉を中心とした新約聖書が誕生するという流れ、簡単にいえば旧約から新約への成就というのがキリスト教の立場だ。

この映画の面白さは、まさに律法に匹敵するエスタブリシュメントのための法に守られた偽善と欺瞞の詐欺システムに挑む、アウトローの詐欺師の戦いにあるともいえる。こんなところが、監督の社会批判であり、ある意味で詐欺師たちへの讃歌と僕が解釈するゆえんだ！

この映画には詐欺師にクリスチャン・ベール、ＦＢＩ捜査官にブラッドリー・クーパー、市長にジェレミー・レナー、詐欺師であり愛人にエイミー・アダムス、詐欺師の妻にジェニファー・ローレンス、それにマフィアのボス役でロバート・デ・ニーロまで出演して、全員の完璧な演技力で映画を引き締まるものとしている。

だからこそアカデミー賞主演助演男優女優賞候補に４人もノミネートされている。

クリスチャン・ベールがハゲで鬘の肥満体で登場すれば、エイミー・アダムスは服からこぼれんばかりの乳房をちらつかせながらクイーンズ・イングリッシュを駆使して詐欺を演じる妖艶な演技で登場、さらにはジェニファー・ローレンスがバカ丸出しの役柄で存在感を発揮する演技を披露している。なんと愛らしい女性であることか！

これほど娯楽性を兼ねた社会風刺映画を是非鑑賞されたい。

（２０１４年３月号）

フランス・ポーランド合作映画
『毛皮のヴィーナス』
原題『La Vénus à la fourrur』
第39回セザール賞監督賞
2013年制作
96分

登場人物2人の舞台劇を映画化した
ポランスキーの映画と舞台のジンテーゼの試み

監督　ロマン・ポランスキー
脚本　デイヴィッド・アイヴス
製作　ロベール・ベンムッサ
音楽　アレクサンドル・デスプラ
出演　エマニュエル・セニエ
　　　マチュー・アマルリック

僕は2012年の3月ニューヨーク・ブロードウェイのサミュエル・J・フリードマン劇場にてこの戯曲を観た。ニーナ・アリアンダがワンダ役（女性役）、そしてヒュー・ダンシーがトマ役（男性役）。たった二人の舞台だが見事な演技と迫力で僕を魅了した。特にニーナの熱演はスタンディング・オーヴェイションを呼び、2012年のブロードウェイの作品に与えられたトニー賞で最優秀女優賞を取得した。どちらかといえば、この戯曲は喜劇的色彩が強かった。

さてこの同じ作家の戯曲を81歳の巨匠ロマン・ポランスキーが映画化した。ちなみに戯曲はアメリカの劇作家デヴィッド・アイヴスの同名戯曲が原作。その戯曲自体はレオポルド・フォン・ザッヘル・マゾッホの小説『毛皮を着たヴィーナス』に基づく。マゾッホの作品傾向並びに性的奇行が、〈サディズム〉のサド侯爵とともに性心理学者クラフト・エービングの注目するところとなり〈マゾヒズム〉の定義の下に典型化された。

舞台と同様、登場人物は二人、ワンダ（エマニュエル・セニエ）とトマ（マチュー・アマルリック）。しかもこの俳優達が天才的な演技を奏でるのだ。

なお、ワンダ役のエマニュエル・セリエはポランスキーの代表作『赤い航路』で忘れられないほど強烈な扇情的な演技を見せた女優で、ポランスキー夫人でもある。

ストーリーはこうだ。新作劇の演出家トマ・ノヴァチェクは、主人公役の女優のオーディションで全くイメージの候補に出くわさず、やけ気味のところ、翌日ワンダ・ジュルダンという一見アッパラパーな〈おバカちゃん〉のような女性が現れる。ところが彼女こそがまさに天才的な感性で劇を知り尽くした女優だったのだ！

まさにトマは傲慢な自信過剰の男性、ワンダに言わせれば男尊女卑のセクシスト、いやいやながら彼女の売り込みを受け入れるなかで、あまりの彼女の感性と切れ味そして女性の魅力にトマは感服してしまい、完全に立場が逆転し、まさにサドとマゾがマゾとサドになっていく過程を天才ポランスキーならではの見事な演出で描ききっている。

キリスト教は快楽目的の性愛追求を断罪した。これがキリスト教の始まりであり限界でもある。しかし現実社会の人間の本能はまさに性愛の極限追求なのだ。そしていくら男女差別に怒りを感じても、その構造的男女区別はどうにもならない宿命であり、そこから社会的な男性の優位と女性の劣位を生み出してしまう、これが罪深き人間の本性ではないか。そんな女性の怒りを、この映画は男性を劣化させることで地位逆転を官能的甘美的に描くのである。

男性の本質的サディズムの裏に、実はマゾヒズムが潜んでいる事実。その逆転劇のきっかけは女性の大地としての圧倒的優位の母性がある。突然男性のサディズムがマゾヒズムに変わるメタモルフォーゼの源泉はここにある。ポランスキーは流石天才、いかなる猥褻さもなく、この甘美な耽美主義を見事な映像で描くのだ。しかもサントラの素晴らしさ。まさに芸術映画とはこのことだ。

最近の素晴らしい作品『おとなのけんか』でポランスキーは携帯電話を見事なアクセントとして使用した。この映画でも、悩める現代社会の象徴である携帯電話との断絶、そこにはまさに人間の生まれたままの姿と本能、本来の人間の自由と男女の区別（差別ではない）のなかでの男女の力関係の逆転劇を描くのである。さらに携帯電話の呼び出し音がワグナーのワルキューレ序曲だから面白い。戯曲作家の意図を完全に超越したポランスキーの才気が迸るのである。

エマニュエル・セニエの妖艶な演技の上手さは言葉にならない。最後のシーンでトマを柱に縛り付け、動けない状態にしてエロティックな毛皮から瑞々しい乳房をさらけ出した全裸のダンスで男性の欲望を頂点まで昂揚させ、それでいていつまでも果たすことができない極度の精神的拷問に追いつめるこの残酷な女性の仕打ちは、まさに男性優位の人類の歴史に対する女性の復讐劇であることを読み取らなければなるまい。

（２０１５年２月号）

イギリス・アメリカ合作映画
『イミテーション・ゲーム』
原題『The Imitation Game』
第87回アカデミー賞脚色賞
2014年制作
114分

「善悪のふたつ、総じてもって存知せざるなり」
——親鸞『歎異抄』

監督　モルテン・ティルドゥム
脚本　グレアム・ムーア
製作　ノーラ・グロスマン
音楽　アレクサンドル・デスプラ
出演　ベネディクト・カンバーバッチ
　　　キーラ・ナイトレイ
　　　マシュー・グッド

今回のハリウッドの決定にはいささか疑問がある。『バードマン』が４部門を受賞、それも肝である作品賞と監督賞を独り占めしたのだ。アレハンドロ・ゴンサレス・イニャリトゥ監督のこの映画、もちろん閉塞した現代世界で、鳥というモチーフで人間の解放を謳った気持ちは判るが、取り立てて新しさはないし、むしろスーパーマン的安っぽさが、鼻につく面もある。メキシコ出身の監督の浅知恵とも言えよう。

今年は、この『イミテーション・ゲーム』か『グランド・ブタペスト・ホテル』がアカデミー賞らしい作品で、僕はこれらが作品賞と監督賞を分け合うかと思っていたのだ。特にこの映画で天才数学者に扮するベネディクト・カンバーバッチの演技の見事さは確実に主演男優賞に値すると見ていたが、これも外れた。助演女優賞候補のキーラ・ナイトレーは論外としても。アカデミー賞というのはまさにアメリカの政治状況、映画界に渦巻くユダヤ人勢力などが影響する駆け引きの場ではあるとは思うが、それにしても酷すぎる決定だと考える。

さて、時は第二次世界大戦、ドイツの誇る暗号システム「エニグマ」(Enigma) に挑むケンブリッジ大学数学科教授アラン・チューリングの生涯を描くが、彼はボーディング・スクール時代から孤独で虐められっ子、その時彼に好意を持つ同級生と同性愛の関係となり、それ以後女性には無関心。当時英国では同性愛者は非合法で厳しく罰せられた日陰者。

現に彼は戦後偉大な功績にもかかわらず同性愛事件で逮捕され、懲役か化学療法による去勢の選択を迫られ後者を選択したが、2年後自殺するといった、悲劇のヒーローだ。その後名誉を回復された。

そんな彼の若き頃も平行的に描きながら、彼の個性あふれる偏執的な〈性格描写〉を見事に演じるのが、カンバーバッチである。ちなみに普通なら、強調するだろう同性愛の〈性的描写〉が皆無なのは流石であり、監督賞候補だったモルテン・ティルドゥムにエールを贈りたい。

そんな性格描写としての映画の捉え方が本来の作品意図だろうが、僕はこの映画に〈国家の非情さ〉、つまり国益のためには、同胞を見殺しにしても、国家を救うために、情を抑えつつ孤独に耐える政治家の資質をウィンストン・チャーチルの姿に垣間見るのである。あのエゴと売名で国家の勧告を無視して中東の紛争地帯へ赴き、テロリストに惨殺された人物に対して、テロへの怒りならともかく、人命を救えなかった政府を非難する筋違いの〈おセンチな〉、その場限りの国益忘却の、極東の島国の国民とは異なるのだ！

1939年9月1日、ナチス・ドイツのポーランド侵攻をきっかけにイギリス、フランスはドイツに宣戦布告し、第二次世界大戦が始まった。40年6月、フランスがドイツに降伏し、ヨーロッパ西部をほぼ制圧したドイツは、7月、イギリス本土へ本格的な空襲を開始した。イギリスはロンドン空襲で大打撃を受け、ドイツ軍の情報入手が最重要課題だったが、ドイツはエニグマ暗号作成機を使って通信していた。当時エニグマは３つの歯車と電気プラグで暗号を組み替えるもので、その組合わせの数は10京と膨大な数であった。しかも、ドイツ軍は毎日、暗号の組み合わせを変えてくるため、暗号の解読は不可能とされていた。

ここに登場したのが天才数学者のアラン・チューリングであり、電磁石を使った電気式計算機「ボンベ」を開発し、40年11月、見事にエニグマ暗号の解読に成功する。そして、この事実を国家機密として、最後まで切り札として温存し、ドイツに対する大反撃の機会を探っていたのがチャーチルである。

その最たるものは、ドイツが作戦実行した、ロンドンの北西にあるコベントリー攻撃である。日時まで11月14日と解読したにもかかわらず、チャーチルはじっと堪え、対抗手段を講じることなく、コベントリーを無防備のまま空襲させ壊滅的状況に甘んじたのだ。言うまでもないが、チャーチルはコベントリー市民の生命より、国家として、イギリスの暗号解読能力を知られることを恐れたのだ。

（２０１５年４月号）

アメリカ映画

『セッション』

原題『Whiplash』

第87回アカデミー賞助演男優賞

2014年制作

106分

「迷わずにいた九十九匹より、
その一匹のことを喜ぶだろう」
――マタイ福音書18：14

監督	デイミアン・チャゼル
脚本	デイミアン・チャゼル
製作	ジェイソン・ブラム
音楽	ジャスティン・ハーウィッツ
出演	マイルズ・テラー
	J・K・シモンズ
	メリッサ・ブノワ

この映画は監督・脚本を務めたデミアン・チャゼルが高い評価を受け、本年度アカデミー賞で5部門にノミネートされ、J・K・シモンズの助演男優賞を含む3部門で受賞した作品だ。

本作の主人公はジャズ・ドラマーだ。ここには、チャゼル監督がミュージシャンになろうとして高校でジャズ・ドラムに打ち込んだ時、厳格な音楽教師の指導を受けた経験が反映されている。監督はそこで映画の主役アンディー・ネイマンとは違い、自分の才能ではミュージシャンになることはできないと本能で理解したと語る。その後、ハーバード大学に進み映画製作の道に進んだのである。

映画はニューヨークにある全米一の名門音楽学校「シェイファー音楽院」の生徒のドラマーと偏執的教師との、まさに血の滲むような葛藤と確執を描いて迫力がある。ドラマの節回しもドラムという楽器のリズムに呼応して、非常に楽しめる。

この偏執教師はまさに暴力教師であり、言葉による人格攻撃も含みまさにサディズムの権化ともいえる。主人公の生徒の可能性を見込むが、常に他の生徒をライバルに仕立て上げ、競争意識を激しく煽り立てる。教師には本物のドラマーを育てようとする一つの夢の実現願望がある。

しかし、その教師の執念、これでもか！　そこまでやるのか！　はなかなか若者には理解されない。でも主人公は、そこらの柔い若者とはことなり、歯を食いしばり、恋人を捨ててまで、男らしい本来あるべき男の競争心と闘争心で努力する。演奏の過激な運動により汗は滴り手からは血がだらだら、まさに汗と血でドラム・ヘッドには、すり切れた指から血がしたたり、血痕がつくほどの凄まじさである。

単なるサディストと異なるのは、この暴力教師は生徒の潜在能力を認めているところである。日本では暴力教育は内容如何に関わらず論外の実情だ。かつてはピアノの世界でも徹底的な暴力教育があったと聞く。実際人間は背丈相当の試練を与えても成長しないのが世の常であり、絶えず到底不可能な試練を与えてこそ才能は開花するものだ。

この教師のために学院では自殺するものまで出た。いわゆる〈人権弁護士〉は生徒にすり寄り、極秘裏に暴力ぶりを証言するように説得。闘争心の強い理想的な生徒がちょっとした心の隙から、それに乗ってしまい、教師は学院を追放される。

その後、生徒は教師とあるジャズ喫茶で再会した。かつての教師は、今はジャズバンドを主宰、大きなフェスティバルに是非参加するよう、生徒を誘うのだった。

ところが、晴れの舞台、ところが教師はリハーサルとは異なる曲を始めだした。生徒が楽譜なしで、困惑する中「俺が告発者を知らないとでも思っているのか！」と教師は、生徒に恥をかかせる復讐の鬼として囁くのだ！ 怒りに席を立つ生徒、しかし生徒も黙って引き下がらない、考え直したように席に戻り、いきなりドラムを叩き出す。まさに延々と、ソロを奏でるのだ。教師は「なんのつもりだ！」と怒り狂うが、生徒は、復讐に復讐するかのように、怒る教師を一切無視しソロを続けるのだ。

あまりの素晴らしさに、遂に教師もそれを認め、身を乗り出して勇気付けるのだった。この当たりの愛憎の二人の激突と和解がドラムを通して感動的でまさに圧巻といえる場面だ！

競争心を阻害する日本の教育は、公立低学年教育にままあるが、教育を下位のレヴェルに合わせ、全般的学力の低下を招いている。日教組や羊一匹を救うキリスト教的教育の弊害だ！　一方でアメリカのみならず軍隊では徹底的な鉄拳教育を行い、肉体的研磨のみならず、それに耐える精神力を鍛えている。過保護で甘やかされスポイルされた若者教育はいずれ国家を滅ぼすだろう。

この映画でとても頼もしく思ったのは、この主人公の死にものぐるいの限界への挑戦と、一見サディストに見える教師の愛の教育の姿勢だ！　戸塚ヨットスクールの〈脳幹トレーニング〉を教育に取り入れることが逞しい青年を育てる秘訣だ！

（２０１５年11月号）

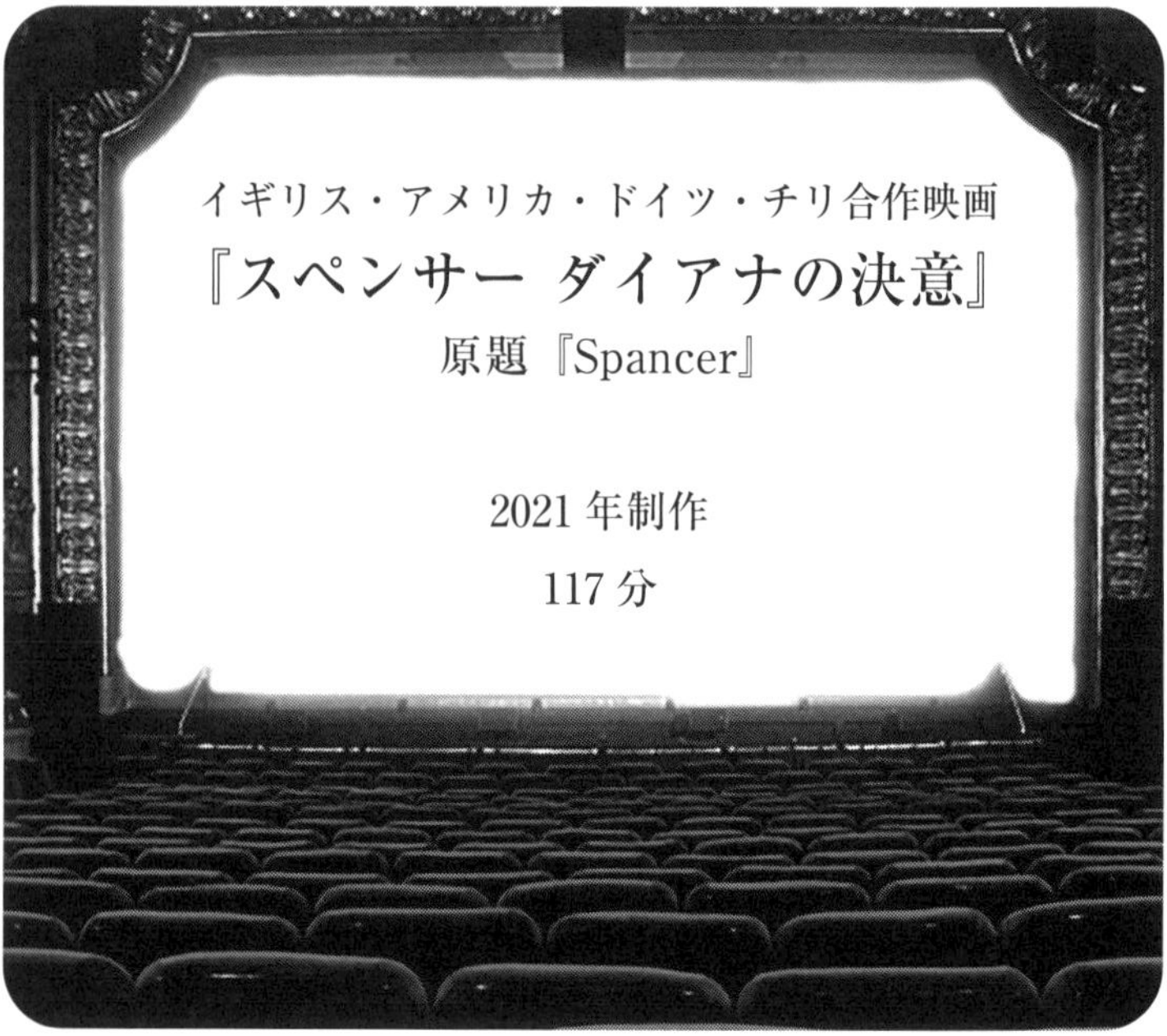
イギリス・アメリカ・ドイツ・チリ合作映画
『スペンサー ダイアナの決意』
原題『Spancer』
2021 年制作
117 分

"I will fight for my children on any level so they can reach their potential as human beings and in their public duties."
「私はあらゆる点で息子たちのために戦います、彼らが人として、そして公務において、彼ら自身の可能性を発揮できるように」
——ダイアナ妃

監督	パブロ・ラライン
脚本	スティーヴン・ナイト
製作	ポール・ウェブスター
音楽	ジョニー・グリーンウッド
出演	クリステン・スチュワート
	ティモシー・スポール
	ジャック・ファーシング

英国王の「君臨せずとも統治せず」とは、国王は国の最高権力者として存在するが、政治的権力は持たず、国の統治権は議会を通じて国民が行使するという意味である。

最近亡くなられたエリザベス２世は１９５２年の在位以来、世界一長い間国王を務めた。英国王はイギリスとその他15カ国の英連邦王国及び王室属領・海外領土の君主で、イングランド国教会の首長でもあり、国の最高権力者だ。しかし政治的権力はなく、国の政治は首相を中心に内閣が行政の実権を握っている。

これには歴史的背景がある。大ブリテン王国を成立させたアン女王には王位を継承できる子供がいなかったため、又従兄にあたるジョージ１世が、１７１４年に亡くなったアン王女に代わって国王に即位した。

ドイツで生まれ育ったジョージ１世は英語を流暢に話せず、イギリスの習慣も理解できず、政治にも興味がなかった。当時の国王には国家権力が集中して、議会に対して一方的な権限があったが、ジョージ１世は国の政務に無関心で、第一大蔵卿のロバート・ウォルポール（初代首相）に任せきりだった。

その結果、内閣と呼ばれる組織がイギリスに誕生した。内閣は行政を担当するにあたり、議会に対して責任を負う責任内閣制へと発達し、国王は国の政治に責任をとらない代わりに、政治的権力や国の統治権を失ったのである。

この原則に則り、故エリザベス2世は見事に国王としての役割を果たし、国民のみならず世界から愛され、尊敬される女王として君臨した。エリザベス女王のもとで、英国政治は熟成されたと言えるのだ。

こうした英国でも、王室構成員の人権を中心にヒューマニズムが問われることになったのは、当然の時代の流れだろう。そんな中で登場したのが、アンチ・ヒーローのチャールズ王子（現在のチャールズ2世）とヒロインのダイアナ妃だ。

チャールズ王子の身勝手な不倫劇、それに対する復讐として正当化されるダイアナの不倫劇。それでも「剣を落として舟を刻む」がごとき偽善的な伝統主義によって大義名分を備えた仮面夫婦の奇妙なあり方。

英王室には大衆の卑俗な好奇心や欲望がそのまま持ち込まれ、二人の関係はパパラッチとゴシップの餌食となった。この世紀の不倫劇は王室の伝統や新時代の人権思想、世俗的なエゴイズムや下賤なメディアの商売根性などが絡み合い、王室の権威のみならず英国全体を揺るがす、救いがたいメロドラマに陥った。皇室を戴くわが国にとっても、決して他人事ではないだろう。

このような異常な環境と制約に縛られたダイアナ妃の悲劇。最後の場面で息子2人が王室男子の伝統として雉撃ちを強いられる狩猟行事に闖入して「子供を返せ！」と狂乱し、息子たちをポルシェに乗せて自分の城へすっ飛んで行った後、近くのファミレスで息子たちと一緒にハンバーガーを貪るダイアナの姿と、その解放感。これまた素晴らしい最後のシーンだ！　かの有名な西部劇『明日に向かって撃て』や『イージー・ライダー』のラストシーンで描かれる解放感と重ね合わせた！

主人公のダイアナ役は、本年度アカデミー主演女優賞候補に挙がったクリステン・スチュアートが熱演するというので前々から楽しみにしていた。拙著『僕が選んだ世界の女優50選』（春吉書房）でも取り上げたこの女優は『アクトレス』や『パーソナル・ショッパー』での渋い名演技で僕を感動させ、それ以来贔屓にしている役者だ。

ただ、クリステンが本当にダイアナを演じられるのかは疑問だった。ダイアナは高身長ゆえのダイナミックな存在感をまとっていたが、クリステンの身長は13センチも低い。この身長差は演技上、致命的なハンディキャップになる。

だが、クリステンは何度も映像を見返してダイアナの所作を研究し、彼女が人と話す時の細かなニュアンスや、特徴的な上目遣いを劇中で完全に再現した。プロ根性で見事にダイアナを演じ切った演技は必見だ！

（２０２２年12月号）

アメリカ映画
『TAR ／ター』
原題『TÁR』
第80回ゴールデングローブ賞最優秀主演女優賞
2022年制作
158分

「もし私がブラームスやチャイコフスキー、あるいはストラヴィンスキーの作品を指揮する時、彼らに成り切れなかったならば、それが偉大な演奏となることはない」
――レナード・バーンスタイン

監督	トッド・フィールド
脚本	トッド・フィールド
製作	トッド・フィールド
音楽	ヒドゥル・グドナドッティル
出演	ケイト・ブランシェット
	ノエミ・メルラン
	ニーナ・ホス

トッド・フィールドが脚本と監督を務める。その脚本はまさに天才女優ケイト・ブランシェットを主演として起用することをイメージし、もし彼女が断ったら、この脚本はお蔵入りするつもりだったというほど、この監督はケイトの超演技力を期待してこの映画を企画した。

拙著『僕が選んだ世界の女優50選』では、1960年より後に生まれた世界の女優として、この女優を高く評価しているが、その演技力は現代の名女優としてトップ・クラスであることは間違いない。同書で僕は『東ベルリンから来た女』『あの日のように抱きしめて』などで主役を好演したニーナ・ホスも選んでいるが、この女優も本作に出演している。彼女たちはこの映画では、音楽家・演奏家のレズビアン・カップルとして登場する。

映画の筋書きはこうだ。

ケイト演じる主人公のリディア・ターはベルリン・フィルハーモニー管弦楽団における女性初の首席指揮者であり、当代随一と評価されている。しかし、彼女はその名声の裏で自らの地位によって得た権力を使い、若い女性演奏家たちにパワハラ、セクハラを繰り返していた。こうした独裁者のような悪行はやがて白日の下に晒され、絶世の名声と権力は地に落ちる。最後は完全なる狂気に陥ったターが断罪され、物語は幕を閉じる。

フィールド監督の真に迫った脚本の魅力もあるが、本作の主人公リディア・ターが実在の人物であると世界を思いこませたのはケイト・ブランシェットの白熱の演技だ。〈主演女優が先にありき〉で映画を企画し、脚本を書くという、日本では考えられない順序だが、ケイトは見事にそれに応えたと言える。

事実、ケイトはこの役を引き受けるや否や、２０２０年の秋から役作りのためにドイツ語やピアノのレッスンに励むとともに、オーケストラの演奏動画を見て指揮者の動きを研究したという。彼女の取り組み方は生半可なものではない。劇中でオーケストラの指揮やピアノの演奏を披露する彼女の姿は、まさに実在の天才音楽家そのもの——いや、それ以上のものだ！

それと同時に、権勢を極める女性権力者も完璧に演じ切っている。その悪魔的でグロテスクな内面をこれほどリアルに表現するとは、只々感嘆するばかりだ。

ケイトが出演する映画はほとんど見ているが、この映画で表現された魔性の魅力たるや！ファッションの着こなしや表情の演技などの身体的魅力はもちろん、独特の節回しのセリフや知性溢れる会話などの魅力も唸るしかない。

日本の歌舞伎や能や舞踊には「型」があり、良くも悪くも型にはまった演技が求められる。一方、欧米の演劇には決まった「型」があまりなく、役柄や演技の詳細は役者の力量に委ねられる。ここに欧米の演劇や映画の面白みがあるのだが、それゆえ役者は知的素養の習得や血と汗が滲むような努力を強いられる。

　劇中では実際に米国で活躍するユダヤ人作家のアダム・ゴプニク本人が登場して、「音楽とは何か」についてターに取材している。その会話の中では、ターの師である（という設定である）実在のユダヤ人音楽家レナード・バーンスタインの思想を踏まえながら、ヘブライ哲学の「kavanah」（意志の強靭さを持った祈り）と「teshuvah」（後悔、因果応報）をめぐる議論が展開される。

　ユダヤ人指揮者にとって、指揮はまさに「kavanah」の祈りであり、ターの天才的な能力と悪魔性は、祈りによって時間を超越した「ゼロ時間」において指揮棒から発射される。だが、その悪魔性は最終的にター自身に跳ね返り、彼女は指揮という「kavanah」の祈りを失い、神の恩寵である超越的な時間を剥奪され、悪魔として永遠の時間を彷徨うことになるのだ。


（2023年7月号）

イギリス映画
『ロスト・キング 500年越しの運命』
原題『The Lost King』
2022年制作
108分

"More interesting than the historical aspects of it is a woman's struggle"

「歴史的側面よりもっと興味深いのは、ある女性の闘争だ」

――スティーブ・クーガン

監督	スティーブン・フリアーズ
脚本	スティーブ・クーガン
製作	スティーブ・クーガン
音楽	アレクサンドル・デスプラ
出演	サリー・ホーキンス
	スティーブ・クーガン
	ハリー・ロイド

本作は、歴史の真実をめぐる実話に基づく物語である。

あらすじはこうだ。

職場でも私生活でも不運な出口の見通せない閉塞感のある生活をしていた主人公フィリッパ。彼女は息子の付き添いでシェイクスピアの劇「リチャード３世」を鑑賞する。フィリッパは劇を鑑賞するうち、主人公の悪名高き英国王リチャード３世が本当に世間一般に言われているような冷酷非情な王だったのか、実際は自分と同じように不当に扱われてきたのではないかとの疑問を抱き、リチャード３世の研究にのめり込むようになる……。

映画の題名通り、リチャード３世はヨーク朝最後の王である。兄のエドワード４世に忠誠を誓って仕えたが、その死後は王妃エリザベス（義姉）と対立。王妃一派を粛清してエドワード５世（甥）を幽閉し、自ら王位に就いたが、ボズワーズの戦いで敗死した。これにより、ヨーク朝は滅んで新たにテューダー朝が開かれた。

リチャード３世はシェイクスピアの同名作品で醜悪な肉体を備えた怪物、狡猾・残忍・豪胆な陰謀家として描かれている。リチャード３世はシェイクスピアによってテューダー朝の敵役として稀代の奸物に描かれ、その人物像が後世に広く伝わり、悪名を歴史に長く残した。

しかし、リチャード３世の悪名はテューダー朝によって着せられたものだとして、その汚名を雪ぎ名誉を回復しようとする「リカーディアン」（Ricardian）と呼ばれる歴史愛好家たちやその交流団体も存在する。

そうした歴史愛好家の一人だったフィリッパは、歴史の真実を求めてリチャード3世の遺骨探しを始める。そして２０１２年9月5日、ついにレスター市の中心地にある記録上の埋葬場と一致する場所（駐車場の地下！）から古い時代の遺骨を発見、その後の調査でリチャード3世本人のものであることが判明した。

しかし、現地にあるレスター大学の教授たちは無名の主婦にすぎないフィリッパの功績を横取りしようと画策する。まさにシェイクスピア悲喜劇に出てくるような人間社会の醜い諍いが演じられたわけだ。

最終的にフィリッパの功績は無事に認められ、リチャード3世の遺骨はレスター大聖堂に改めて埋葬された。その墓にはヨーク家の紋章と共に、「忠誠が我を縛る」（Loyaulté me Lie）というリチャード3世の言葉が刻まれている。

一人の平凡な主婦の正義感が５００年にわたるシェイクスピアの解釈さえ覆すことになったのだ。まさに人間に特有の真実を追求するという執念が、俗説に対する疑念を実証的に晴らした感動の実話だ！

監督のスティーヴン・フリアーズは知る人ぞ知る英国の実力派だが、国際コンペでの受賞を期待されながら、いつも大賞を逃している。この不遇な監督が本作を作ったのも、歴史の汚名を着せられたリチャード３世や、公私ともに不運だったフィリッパに共感するところが多かったからではないだろうか？

本作で主人公のフィリッパを演じるのは、サリー・ホーキンス。舞台から映画界に進出し、ゴールデングローブ賞、ベルリン国際映画祭での銀熊賞（主演女優賞）をはじめ数々の賞を受賞している。それほど美人でもなく、輝くような魅力もないが、それでいて〈何か気になる演技力〉を持つイギリスの女優だ。

作中では、道を真っ直ぐ歩くフィリッパに寄り添うように、リチャード３世の幻が登場する。シェイクスピアの劇では敵役として亡霊がよく登場するが、その演出をなぞらえながらも、味方として幻を登場させる逆説手法であり、とてもイギリス人らしいトリックだ。

（２０２３年８月号）

アメリカ映画
『ナポレオン』
原題『Napoleon』
2023 年制作
124 分

「愛は木のようなものである。自ら根を張り、深く人間の
内面に絡みついていき、心を傷つけることもあるが、
とりとめもなく強い力を持っている。それは完全に
不合理であるほど、強力である」——ジョゼフィーヌ

監督	リドリー・スコット
脚本	デビッド・スカルパ
製作	ケビン・J・ウォルシュ
音楽	マーティン・フィップス
出演	ホアキン・フェニックス
	バネッサ・カービー
	タハール・ラヒム

一度でもパリで日常生活を過ごした経験がある者は、フランス人の思想・哲学・科学技術・文学はもとより、芸術・音楽・建築・ファッションなどに接して、その世界的プライドを感じ、それに納得するだろう。

僕は還暦を過ぎてから、たまたまパリ・カトリック大学で神学を学ぶ機会を得た。その遊学を通じて、フランス人はどんな極論でも避けずに闊達な議論を歓迎する反面、彼らが誇りにする人物や出来事を絶対視して一歩も譲らないことを体感した。

フランス人にとって絶対的なものは〈フランス革命の賛美〉〈ナポレオンの破竹の勝利〉〈対独レジスタンス〉〈絶対的表現の自由〉などである。だから、彼らは偉大なる革命を批判するイギリスの議論（エドマンド・バーグなど）には顔を曇らせ、言論の自由がテロ攻撃を受けたシャルリー・エブド事件では大規模デモを行う。

そんなフランス人にとって偉大なる軍人であり皇帝だったナポレオンの映画を、イギリス人のリドリー・スコット監督がアメリカのハリウッドで制作したのが本作である。

スコット監督は『ブレードランナー』（１９８２）、『テルマ＆ルイーズ』（１９９１）、『グラディエーター』（２０００）、『ハンニバル』（２００１）、『ブラックホーク・ダウン』（２００１）、『ゲティ家の身代金』（２０１７）、『最後の決闘裁判』（２０２１）、『ハウス・オブ・グッチ』（２０２１）など数々の名作を手掛けた巨匠であり、本作も壮大なスペクタルや美しいロマンスという〈ハリウッドの良き伝統〉を受け継いだ極上の娯楽作品に仕上がっている。

ナポレオンを演じるのは『ジョーカー』（2019）で主人公を怪演したホアキン・フェニックス、その愛人ジョセフィーヌを演じるのはテレビ・ドラマ『ザ・クラウン』（2016〜）で脚光を浴びたヴァネッサ・カービーであり、これ以上ない完璧な配役だ！

英雄ナポレオンとジョゼフィーヌの恋愛を、二人のラブレターに基づいて史実として再現すると同時に、ハリウッド的な手法で恋愛ドラマとしても演出し、まさにノンフィクションとフィクションの絶妙なバランスによって、一流の芸術作品に匹敵する悲劇的ロマンスとして描き切った監督の腕前には、ただただ舌を巻くしかない！

歴史的偉業を成し遂げたにもかかわらず身体的コンプレックスに苦しみながら、魔性の未亡人に溺れるように惚れ込んでいくナポレオン。そんな稀代の英雄に「私がそばにいなければ、貴方はただの粗野な男でしかない」と傲然と言い放ち、あらゆる手練手管で魅惑するジョゼフィーヌ。こうした二人の微妙な心理や関係性を見事に演じ切ったフェニックスとカービーの実力にも脱帽だ！

しかし、本作は単なる恋愛映画に留まらない。ギロチン台で首の位置を丁寧に調整された後、一気に首を落とされるマリー・アントワネット。拳銃自殺に失敗した時の頬の傷跡を残したまま、同じくギロチンで首を飛ばされるロベスピエール。そして、それぞれの処刑に熱狂する衆愚――。

こうしたアクセントやディティールの丁寧かつ徹底的な描写が説得力を生み、観客をして「これは現実に起きたことなのだ」と納得させる一流の歴史映画にもなっている。

その最大最高の成果が、８０００人ものエキストラを動員した大迫力かつ迫真の戦闘シーンである。詳細にして壮大、繊細にしてダイナミック、華々しくも残虐な戦争スペクタクルには圧倒されるばかりだ。

３時間近い長編にもかかわらず、観客はため息を付くような恋愛ドラマと息を呑むような怒涛の歴史ドラマに目を奪われ、あっという間に時間が過ぎてしまうだろう。観客を釘付けにするリドリー・スコット監督の技法やフェニックスとカービーの演技力に改めて惚れ直した。

世界的大ヒットは間違いなし！　この作品がアカデミー賞でどれだけオスカーを獲得するか、今から楽しみだ。

（２０２３年12月号）

『超・映画評 愛と暴力の行方』
扶桑社、2008年、1980円

「映画に〝癒し〟を求める世の〝病人〟たちは、この本を読まない方が良い。奥山氏の鋭い筆法はテロリストや切り裂きジャックのナイフのように容赦なく対象を切り刻むからだ。しかし、物事の本質はその生々しい切り口にしか姿を顕さない。この本は感性豊かで瞬時に物事の本質を見定める奥山氏の映画を通じての現代への警告である」――久保紘之（元産経新聞社論説委員）

「ほとんど世界中の作品――こんな映画も観てるの？ と驚かされるくらいに多彩な作品を取り上げているのだけれども、おそらくそれらの全てについて、自ら切符を買って鑑賞しているものと思われる。だから、批評に鋭さと愛があるのだ」

――遠藤浩一（拓殖大学日本文化研究所教授）

『僕が選んだ世界の女優50選』

春吉書房、２０２０年、３３００円

「(奥山氏の持つ)『美意識』とは、世界中の映画において、人の生き様に思いを馳せ、女優たちの存在感を捉えることだった。それが自ずと映画、芸術、そして世の中の在りようを浮かび上がらせる。それは、その『美意識』の根底に、人が生きていることへの愛、人の生きている様への絶え間ない思索があるからに違いない」——小河原あや(成城大学非常勤講師)

対談動画１～３　対談動画４～６

※本書の刊行を記念して、小河原あや氏と対談を行った。右のＱＲコードからご覧いただければ幸いである。

奥山篤信（おくやま・あつのぶ）
映画評論家。1948年、兵庫県生まれ。1970年、京都大学工学部建築学科卒業。1972年、東京大学経済学部卒業。1972～2000年まで米国三菱商事ニューヨーク本社を含め三菱商事に勤務。2014年、上智大学大学院神学研究科修了（神学修士）。2014年よりパリ・カトリック大学（ISTA）に留学。『超・映画評～愛と暴力の行方』（扶桑社）、『僕が選んだ世界の女優50選』（春吉書房）、『僕が選んだ近代建築家50傑』（春吉書房）など著書多数。

僕が選んだ現代映画傑作選

2024年7月11日　第1刷発行

著　者　奥山篤信
発行者　南丘喜八郎
発行所　株式会社　ケイアンドケイプレス
〒１０２－００９３
東京都千代田区平河町２－１３－１　読売平河町ビル５階
ＴＥＬ　０３－５２１１－００９６
ＦＡＸ　０３－５２１１－００９７
印刷・製本　中央精版印刷　株式会社
乱丁・落丁はお取り替えします。

ISBN　978-4-906674-85-5
2024 Printed in Japan